DE

BOILEAU-DESPRÉAUX,

AVEC

DES NOTES EXPLICATIVES, LITTÉRAIRES ET PHILOLOGIQUES

PAR

G. H. F. DE CASTRES,

PROFESSEUR DE LANGUE ET DE LITTÉRATURE FRANÇAISES,
ÉDITEUR DE LA NOUVELLE ÉDITION STÉRÉOTYPE DU DICTIONNAIRE DE THIBAUT.

NOUVELLE ÉDITION

SOIGNEUSEMENT REVUE ET CORRIGÉE

PAR

A. KLAUTZSCH,

DIRECTEUR DU COLLÉGE PROFESSIONNEL À COBOURG, MEMBRE CORRESPONDANT DE
LA SOCIÉTÉ POUR L'ÉTUDE DES LANGUES MODERNES À BERLIN.

LEIPZIG,
C. A. KOCH, LIBRAIRE—ÉDITEUR.
1874.

L'ART POÉTIQUE

DE

BOILEAU-DESPRÉAUX,

AVEC

DES NOTES EXPLICATIVES, LITTÉRAIRES ET PHILOLOGIQUES

PAR

G. H. F. DE CASTRES,

PROFESSEUR DE LANGUE ET DE LITTÉRATURE FRANÇAISES,
ÉDITEUR DE LA NOUVELLE ÉDITION STÉRÉOTYPE DU DICTIONNAIRE DE THIBAUT

NOUVELLE ÉDITION

SOIGNEUSEMENT REVUE ET CORRIGÉE

PAR

A. KLAUTZSCH,

DIRECTEUR DU COLLÉGE PROFESSIONNEL À COBOURG, MEMBRE CORRESPONDANT DE
LA SOCIÉTÉ POUR L'ÉTUDE DES LANGUES MODERNES À BERLIN.

COBOURG,

G. SENDELBACH, LIBRAIRE — ÉDITEUR.

1874.

NOTICE SUR BOILEAU.

C'est à Boileau principalement que la France est redevable de cette justesse et de cette solidité qui se font remarquer dans les ouvrages des bons écrivains de ce pays. Malherbe avait *dégasconné* la cour et posé des principes de l'art d'écrire en vers, Corneille avait produit ses chefs-d'oeuvre, et cependant ni l'un ni l'autre n'avaient pu donner une idée définitive de la poésie, ni en fonder la tradition.

„De 1627 à 1660, dit M. Nisard[1]), tout avait été remis au hasard, et quoiqu'il y eût déjà des modèles, il n'y avait pas de doctrine. Deux sortes de poètes jouissaient alors de la faveur publique. Il y avait d'une part les continuateurs de Ronsard, lesquels persistaient à le suivre en dépit de Malherbe, et avec d'autant plus de superstition que leur idole avait été plus attaquée. Ils regrettaient le passé et restaient fidèles à la ballade[2]), à la villanelle[3]), aux vieux mots gaulois, au système de poésie facile qui permettait à Ronsard de faire deux cents vers avant déjeûner, et deux cents après dîner ... D'autre

---

1) Histoire de la Littérature française. —
2) La ballade française diffère de la ballade allemande. La première est une pièce de vers coupée en stances égales et suivie de l'envoi d'un nombre de vers ordinairement moindre. Toutes les stances et l'envoi lui-même sont terminés par le même vers qui sert de refrain. Les ballades les plus sévères sont sur deux rimes; mais, le plus souvent, on se contente de ramener dans les stances suivantes les rimes de la première. Quelquefois même on se dispense de suivre cette règle, pour ne faire rimer que le refrain. Il existe une ballade de La Fontaine, célèbre par le sujet qu'elle traite et la manière dont elle est tournée : il ne s'agit de rien moins que de la morale des jésuites, et en particulier de celle d'Escobar, que le fabuliste élève ironiquement au-dessus de celle des jansénistes, si sévère pour eux-mêmes et pour les autres. Cette ballade dont on connaissait l'existence par trois vers cités dans Richelet, fut retrouvée en 1811, par M. Barbier, bibliothécaire de l'Empereur.

La ballade redoublée est une ballade à deux refrains. Voy. la Ballade du Frère Lubin, dans Cl. Marot.

3) La villanelle est une chanson des bergers, où les mêmes vers revenaient, tantôt l'un, tantôt l'autre, à la fin de tous les couplets. Ces couplets étaient très-courts, comme de trois ou quatre vers, et les pensées devaient y être pleines de douceur et de naïveté. Passerat en a fait une charmante sur une tourterelle perdue.

1*

part, il y avait les disciples de Malherbe, les puristes, lesquels outraient quelques-unes de ses prescriptions, et déplaçant la condition de la difficulté vaincue, la transportaient des choses aux mots, et du choix des pensées à l'accomplissement de quelque règle de détail, par exemple, la richesse de la rime. Ils rimaient donc richement des pauvretés, ou s'amusaient à emprisonner des pensées lâches et vagues dans les liens d'une métrique, dont la rigueur rendait ce contraste plus ridicule. Ceux-là participaient des deux écoles: de celle de Ronsard, pour la prolixité et la négligence; de celle de Malherbe, pour le soin excessif donné à quelques parties de l'exécution."

Ainsi Ronsard continué, et Malherbe mal compris, tel était le double esprit qui partageait la poésie dans la première moitié du XVIIe siècle. Alors surgit un écrivain dont le nom, représentant, pour ainsi dire, l'autorité publique, vint s'imposer à ces deux écoles et les discipliner: Ce fut Nicolas Boileau-Despréaux.

Fils de Gilles Boileau, greffier de la grand' chambre, il naquit le 1er novembre 1636, à Crône, petit village près de Villeneuve-Saint-Georges; selon d'autres, à Paris. Privé de bonne heure de sa mère, voyant peu son père, il se trouva presque aussitôt livré à lui-même, et s'accoutuma, par la nécessité de cette position, à réfléchir, à voir les choses avec sévérité, mais n'eut d'ailleurs, dans sa jeunesse, rien qui fît pressentir ce qu'il devait être un jour. Il commença ses études au collège d'Harcourt, et les acheva à celui de Beauvais, où il apprit de ses professeurs les dispositions qu'il avait pour la poésie et dont il ne semblait pas se douter. Encouragé par cette révélation soudaine, il ne s'occupa plus que de vers et de romans, mais ces essais, probablement assez médiocres, furent mal accueillis de sa famille, qui le condamna à l'étude du droit, et, en dépit des muses, il fut reçu avocat, le 4. décembre 1656. Sa répugnance pour le barreau devenant de jour en jour plus forte, on cessa de le contraindre, et le praticien disgracié passa des bancs de l'École de Droit sur ceux de la Sorbonne. N'ayant pas plus de vocation pour l'état ecclésiastique qu'il n'en avait senti pour le métier d'avocat, il fallut encore y renoncer. Devenu maître de ses goûts par la mort de son père, il ne songea plus qu'à suivre la route que lui traçait son génie, et débuta dans la carrière des lettres par ses premières *Satires*, qui parurent en 1666. Il en parut d'abord sept (un volume in-16, Paris, Claude Barbin). Boileau avait eu dans ce genre un précurseur qu'il n'a point fait oublier, Mathurin Regnier, par qui la satire française aurait pu, dès 1610, se montrer ingénieuse, naïve, énergique, s'il n'eût préféré la rendre obscène. „Chez notre poète, la satire se présente avec le caractère de la décence et du bon sens et sait „*assaisonner*" suivant son expression, *le plaisant et l'utile.*"" „Boileau, dit La Bruyère[1]),

---

1) Des Ouvrages de l'Esprit. —

passe Juvénal, atteint Horace, semble créer les pensées d'autrui, et se rendre propre tout ce qu'il manie. Il a, dans ce qu'il emprunte des autres, toutes les grâces de la nouveauté et tout le mérite de l'invention; ses vers forts et harmonieux, faits de génie, quoique travaillés avec art, pleins de traits et de poésie, seront lus encore quand la langue aura vieilli, et en seront les derniers débris. On y remarque une critique sûre, judicieuse et innocente, s'il est permis du moins de dire de ce qui est mauvais qu'il est mauvais."

Une partie de ces éloges s'applique mieux encore aux *Épîtres* et à l' *Art poétique* qu'aux *Satires*.

Après avoir versé le ridicule sur l'affectation, sur l'enflure, sur le mauvais goût, et remis en honneur la justesse, la clarté, la solidité, Boileau voulut donner à la fois le précepte et l'exemple, réponse victorieuse et sans réplique à toutes les injures de ses ennemis. Dans cette vue, il forma le dessein de composer un Art poétique.

Il en fit part au célèbre Patru[1]). Celui-ci ne crut pas qu'il fût possible de l'exécuter avec succès, et pensait que cette entreprise était au-dessus des forces de son jeune ami. C'était une dernière lutte contre Horace, et plus difficile encore que les premières. Boileau ne s'effraya pas; les difficultés ne servirent qu'à l'animer et à lui donner une plus grande idée de son entreprise, et cette fois, sans contredit, l'avantage lui resta. Horace n'a voulu faire et n'a fait qu'une épître dont on a, à tort, changé le titre; il n'avait d'autre but que de faire comprendre à deux jeunes gens, ses amis, qu'il voulait détourner de la manie d'écrire, les difficultés de la poésie et surtout de la poésie dramatique. De là cette liberté dont il use sans scrupule. Après les réflexions sur la tragédie et la comédie, il ne fait qu'indiquer légèrement les autres genres; il passe subitement d'un objet à un autre, il mêle les règles générales aux règles particulières; il s'affranchit des entraves de la méthode et du travail des transitions. Boileau fait un *Art poétique*; il adopte un plan; il divise, il lie, il gradue, il subordonne entre elles les diverses parties de son ouvrage; c'est un poème en quatre chants. C'est donc bien à tort que ses détracteurs l'accusaient de n'avoir fait que traduire Horace ou d'avoir imité La Fresnaye-Vauquelin[2]), auteur du XVIe siècle, qui nous a laissé un poème sur le même sujet; et quelques imitations de détail n'ôtent rien à Boi-

---

1) Patru, Olivier, avocat et littérateur, membre de l'Académie fr. (1604—1681.) Ses plaidoyers sont châtiés et polis, mais frisent quelquefois la sécheresse.

2) Vauquelin de la Fresnaye (1536—1606). Ce poète ne mérite nullement d'être oublié. Il a mis de la grace et de la délicatesse dans ses poésies pastorales, de la gravité et de l'élévation dans des satires et épîtres morales à l'imitation d'Horace, et a renouvelé l'art poétique du poète latin, en l'honneur de l'école de Ronsard. „Ce code poétique, en vers un peu languissants, a été connu de Boileau, qui n'a pas dédaigné d'en tirer quelques hémistiches" (Géruzez, Histoire de la Littérature Française, Paris 1863, p. 387). Boileau a fait aussi quelques emprunts à l' *Art poétique français* par Pelletier, publié en 1555, in 8o, ouvrage très-rare aujourd'hui. —

leau de son mérite original; aussi se contentait-il de remercier ceux qui l'honoraient de cette accusation: „Car, puisque dans mon ouvrage, dit-il, qui est de onze cents vers, il n'y en a pas plus de cinquante ou soixante imités d'Horace, ils ne peuvent pas faire un plus bel éloge du reste qu'en le supposant traduit de ce grand poète; et je m'étonne, après cela, qu'ils osent combattre les règles que j'y débite[1].″ Cela n'était pas néanmoins bien étonnant; la règle de ces poètes, c'était celle de l'exagération et de l'extravagance; la sienne est celle de la raison; la raison est l'âme de ses écrits, comme le beau en est l'unique objet:

> Aimez donc la raison; que toujours vos écrits
> Empruntent d'elle seule et leur lustre et leur prix.
> Rien n'est beau que le vrai, le vrai seul est aimable.

C'est toute une révolution littéraire renfermée en trois vers.

La campagne que Boileau ouvrit contre les méchants auteurs, n'est pas une boutade de mauvaise humeur, un simple caprice, c'est une entreprise utile et courageuse, nécessaire pour arrêter les progrès du mauvais goût. A cette époque, Chapelain, l'auteur de la *Pucelle*[2]), était le roi de la littérature; l'invasion espagnole et italienne, contenue quelque temps par Malherbe, avait rompu ses digues; le mauvais goût était partout: dans la chaire chrétienne, où Mascaron[3]), jeune encore, lui payait un large tribut[4]); au théâtre, où Scarron[5]) balançait Molière; dans la poésie, où le burlesque introduisait la caricature; dans les romans, où la passion et l'histoire étaient dénaturées; dans la poésie épique que ridiculisaient les grands avortements des Chapelain, des Scudéry[6]), des Coras[7]) et des Saint-Sorlin[8]). Il

---

1) Préface de l'édition de 1675.
2) Chapelain, Jean, membre de l'Acad. fr. (1595—1674). Il était homme de mérite, érudit grammairien et critique distingué, mais eut le malheur de se croire poète épique et d'attenter au plus beau sujet de l'histoire de France. Boileau a trop vengé Jeanne d'Arc; quelques passages de ce poème ne manquent pourtant pas d'éclat.
3) (1634—1703.)
4) Après avoir longtemps sacrifié au bel esprit, il ne marque sa place parmi les orateurs français que par l'Oraison funèbre de Turenne, remplie de passages d'un éclat et d'une vigueur admirables.
5) Le jeune Louis XIV s'était engoué des comédies de Scarron (1610—1660) du point de se faire jouer, trois fois en un jour, l'Héritier ridicule.
6) Gouverneur de Notre-Dame-de-la-Garde (1601—1667), espèce de poète matamore, qui se vantait d'avoir usé plus de mèches en arquebuses qu'en chandelles. N'ayant pu triompher d'Alaric, il se dédommagea en mettant la main aux romans héroïques de sa soeur, où il jeta des descriptions de batailles.
7) Coras J., pasteur réformé et poète (Toulouse, 1630—1677), auteur de Jonas, poème ridiculisé par Boileau.
8) Desmarets de Saint-Sorlin (1596—1676) fut de son temps un personnage haut placé et en faveur auprès de Richelieu; collaborateur tragique du cardinal ministre, il fit, sous le titre de *Clovis*, poème épique, un roman insipide en vers détestables. Il méprisait Homère, à bon droit, puisqu'il s'admirait lui-même. Ce fut le premier adversaire des anciens.

fallait déblayer le terrain pour faire place aux grands génies et aux véritables beaux-esprits qui commençaient à poindre; il fallait préparer le siècle à goûter Molière, Racine, Bossuet, madame de La-Fayette[1]). Ce fut le rôle de Boileau; au nom du goût, il se fit le justicier et comme le grand prévôt de la littérature.

Plusieurs critiques ont dit que Boileau n'était le poète de la raison que parce qu'il manquait de sentiment. Mais n'est-ce déjà pas beaucoup d'avoir su se renfermer dans les bornes de son talent, lorsque tant de bons écrivains ont eu la faiblesse d'en sortir? D'ailleurs le sentiment convenait-il aux genres qu'il a choisis, et n'a-t-il pas toujours eu la verve nécessaire à son sujet? „Ceux qui bornent le mérite de sa poésie à l'art et à l'exactitude de sa versification, dit Vauvenargues, ne font pas peut-être attention que ses vers sont pleins de pensées, de vivacité, de saillies, et même d'invention de style. Admirable dans la justesse, dans la solidité et la netteté des idées, il a su conserver ces caractères dans ses expressions, sans perdre de son feu et de sa force; ce qui témoigne incontestablement un grand talent.

„Si l'on est fondé à reprocher quelque défaut à Boileau, ce n'est pas, à ce qu'il me semble, le défaut de génie: c'est, au contraire, d'avoir eu plus de génie que d'étendue et de profondeur d'esprit, plus de feu et de vérité que d'élévation et de délicatesse, plus de solidité et de zèle dans la critique, que de finesse et de gaieté, et plus d'agrément que de grace; on l'attaque encore sur quelques-uns de ses jugements, qui semblent injustes, et je ne prétends pas qu'il fût infaillible[2]).„ Il n'est qu'une chose que nous ne pouvons pardonner à Boileau, c'est l'oubli de l'Apologue et de La Fontaine.

Un mot encore sur le *Lutrin* et la prose de Boileau. Ce poème comique est son chef-d'oeuvre; mais, malgré cela, c'est un ouvrage froid. Il s'agit d'une querelle entre le chantre et le trésorier de la Sainte-Chapelle de Paris. La matière était pauvre, et l'exemple d'un si grand maître qui orne un pareil sujet de toutes les richesses de l'art, n'en est pas moins mauvais. Le Lutrin pourrait être responsable du vain emploi qu'on a fait du talent poétique au siècle passé et de tous les défis qui nous ont valu des poèmes sur le *Trictrac* et le *Café*; et même sur *l'Art de fumer*, au XIXe Siècle.

„Ce que Boileau a écrit en prose, à l'exception de quelques traits

---

1) Madame de La Fayette (1632—1693), auteur de *Zaïde* et de *la Princesse de Clèves*, deux romans vrais qui peignent fidèlement la même ame sincère et pure à des âges différents: *Zaïde* est le roman de son imagination, comme *la Princesse de Clèves* est l'histoire de son coeur. Comme oeuvre littéraire, ce roman était plus qu'une nouveauté, c'était presque une révolution. Le roman cessait d'être le mensonge de l'histoire et de la passion; il entrait enfin dans la vérité et s'humanisait dans ses peintures et dans ses proportions.

2) Introduction à la Connaissance de l'Esprit humain. —

contre ses critiques, ou de certaines vues très-fines sur des détails de l'art, est bien loin de ses poésies. Il n'arrive presque jamais à sentir pleinement en prose, et il semble qu'il s'y détende l'esprit, après les nobles fatigues de la poésie¹)."

Les ennemis de Boileau firent preuve d'esprit dans une circonstance: lorsqu'il se présenta aux portes de l'Académie le 1. juillet 1685, le dépouillement du scrutin n'offrit pas une boule noire, quoiqu'il eût décoché plus d'un trait contre plusieurs des principaux membres de cette assemblée. Il mourut le 13. mars 1711, emportant au tombeau l'estime et l'admiration de ses contemporains. Le Perrier fit mettre au bas de son portrait, gravé par Drevet, le quatrain suivant:

> Au joug de la raison asservissant la rime,
> Et, même en imitant, toujours original,
> J'ai su dans mes écrits, docte, enjoué, sublime,
> Rassembler en moi Perse, Horace et Juvénal²).

---

1) Nisard, Histoire de la Littérature française. —
2) M. le Dr. Strehlke, à Danzig, vient de faire paraître une intéressante notice sur Boileau; nous y renvoyons nos lecteurs. Voy. *Archiv für das Studium der neuern Sprachen.* vol. 17., livr. 1., Année 1855.

CHANT PREMIER.

Dans le premier Chant, Boileau donne des règles générales pour la poésie; ces règles, si habilement tracées, peuvent s'appliquer aussi à l'eloquence : il appartenait au génie seul d'opérer cette heureuse alliance. L'auteur nous présente aussi l'histoire de la poésie française depuis Villon jusqu'à Malherbe.

C'est en vain qu'au Parnasse un téméraire auteur
Pense de l'art des vers atteindre la hauteur : [1])
S'il ne sent point du ciel l'influence secrète,
Si son astre en naissant[2]) ne l'a formé poète,
Dans son génie étroit il est toujours captif,   5
Pour lui Phébus est sourd et Pégase est rétif[3]).

O vous donc qui, brûlant d'une ardeur périlleuse,
Courez du bel-esprit la carrière épineuse,
N'allez pas sur des vers sans fruit vous consumer,
Ni prendre pour génie un amour de rimer :   10
Craignez d'un vain plaisir les trompeuses amorces,
Et consultez longtemps votre esprit et vos forces[4]).

---

1) Boileau avertit ses lecteurs qu'il ne parle que pour un petit nombre d'élus consacrés par la muse. Il écarte prudemment les téméraires qui n'ont d'autre passion que l'amour de rimer, ou, comme dit énergiquement Juvénal, *scribendi cacoëthes*, la démangeaison d'écrire. Boileau est sans pitié pour ces pestes de la littérature.

2) Girault-Duvivier, Gram. des Gram. condamne ce vers de Boileau ; mais Lemaire, son éditeur, ne laisse pas passer cette condamnation de nos phrases les plus naturelles, les plus ordinaires, souvent les plus élégantes. Voyez l'édition qu'il a donnée de la Gram. de Duvivier, p. 723, et Jullien, Cours supérieur de Grammaire, 1, p. 254.

3) *Tu nihil invita dices faciesve Minerva.* Horat. Ars. p. 385.

4) *Sumite materiam vestris, qui scribitis, aequam*
Viribus, et versate diu, quid ferre recusent,
Quid valeant humeri. Horat. Ars p. v. 38.

La Nature, fertile en esprits excellents,
Sait entre les auteurs partager les talents:
L'un peut tracer en vers une amoureuse flamme; 15
L'autre, d'un trait plaisant aiguiser l'épigramme:
Malherbe d'un héros peut vanter les exploits¹);
Racan chanter Philis, les bergers et les bois²).
Mais souvent un esprit qui se flatte et qui s'aime
Méconnoît³) son génie et s'ignore soi-même: 20
Ainsi, tel autrefois qu'on vit avec Faret
Charbonner de ses vers les murs d'un cabaret⁴),
S'en va⁵), mal-à-propos, d'une voix insolente,
Chanter du peuple hébreu la fuite triomphante;
Et, poursuivant Moïse au travers des déserts⁶),
Court avec Pharaon se noyer dans les mers⁷).

1) Malherbe (1556—1628) mit sa poésie au service de la gloire et, il faut bien l'avouer, de la galanterie de Henri IV. qui l'avait appelé à Paris. Il fit des vers pour célébrer ses exploits et l'aider dans ses amours. Les stances composées sous le nom du grand Alcandre allaient à l'adresse de la princesse de Condé, et figurent dans cette comédie où le Béarnais perdit son temps et entacha sa gloire. Les complaisances de Malherbe abaissent sa dignité d'homme et de poète. Ses éloges ne manquèrent ni à Henri IV., ni à la régente, ni à Louis XIII., ni à Richelieu.

2) Racan (1589—1670), doux et harmonieux poète, est le meilleur élève de Malherbe, mais surpasse de beaucoup son maître par le sentiment et la grace. Seul au milieu d'une société peu naïve, il a conservé l'intelligence et l'amour de la campagne. Un souffle virgilien semble avoir passé dans ses vers dont l'harmonie fait pressentir Racine.

3) Nous conservons l'orthographe de Boileau.

4) *Nigri fornicis ebrium poetam,*
   Qui carbone rudi putrique creta
   Scribit carmina. Mart. Epig. lib. XII. epig. 61.

5) En poésie, *s'en aller* est une expression élégante qu'ont souvent employée: Corneille (Cinna I, 3, v. 86), Racine (Iphig. I, 5, v. 27) et Voltaire. Voyez les Remarques de ce dernier sur l'auteur du Cid. —

6) *A travers* marque purement et simplement l'action de passer par un milieu, et d'aller par de là ou d'un bout à l'autre; *au travers* marque proprement ou particulièrement l'action et l'effet de pénétrer dans un milieu, et de le percer de part en part, ou d'outre en outre. Vous passez *à travers* le milieu qui vous laisse un passage, une ouverture, un jour; vous passez *au travers* d'un milieu dans lequel il vous faut faire un passage, faire une ouverture, vous faire jour pour passer. Là vous avez la liberté de passer, rien ne s'y oppose; ici vous trouvez de la résistance, il faut la forcer. V. *Laveaux. Dict. des Diffic. de la Langue fr.,* Paris, 1847.

7) Saint-Amand, (1594—1660) auteur du Moïse sauvé. Ce poète excellait dans la peinture des parties de débauche et de ripaille où il était si bon acteur. Il avait de la verve, mais il manquait de goût et d'étude; son talent s'épuisa vite faute de règle et d'aliment. Son véritable crime littéraire, son péché capital, dont il fut si sévèrement repris par Boileau, c'est le *Moïse sauvé*. Quelle insolence, en effet, n'était-ce pas à un poète de cabaret, encore ivre des fumées du vin et du tabac, — car St. Amand fut le premier fumeur entre les gens de lettres, — d'aborder le sanctuaire et de se prendre à la Bible! Le profanateur en fut cruellement puni. Du reste son poème est mal composé et encore plus mal écrit. La langue noble est pour Saint-Amand un idiome étranger; il était homme de cabaret; il devait y rester, et ne pas diriger vers la sainte demeure sa muse avinée et barbouillée de lie. S'il était resté fidèle à son premier culte, la critique le

Quelque sujet qu'on traite, ou plaisant, ou sublime,
Que toujours le bon sens s'accorde avec la rime:
L'un l'autre vainement ils semblent se haïr:
La rime est une esclave, et ne doit qu'obéir.   30
Lorsqu'à la bien chercher d'abord on s'évertue,
L'esprit à la trouver aisément s'habitue:
Au joug de la raison sans peine elle fléchit,
Et, loin de la gêner, la sert et l'enrichit.
Mais, lorsqu'on la néglige, elle devient rebelle,   35
Et, pour la rattraper¹), le sens court après elle.
Aimez donc la raison: que toujours vos écrits
Empruntent d'elle seule et leur lustre et leur prix²).

La plupart, emportés d'une³) fougue insensée,
Toujours loin du droit sens vont chercher leur pensée;   40
Ils croiroient s'abaisser, dans leurs vers monstrueux,
S'ils pensoient ce qu'un autre a pu penser comme eux.
Évitons ces excès: laissons à l'Italie
De tous ces faux brillants l'éclatante folie⁴).

---

traiterait sans doute avec moins de défaveur, et on aimerait à redire après Boileau: „Je veux bien avouer qu'il y a du génie dans les oeuvres de St. A., et avec la même sincérité que j'ai raillé ce qu'il y a de blâmable, je suis prêt à convenir de ce qu'il peut y avoir d'excellent."

Disons en passant que Faret n'a pas mérité ce renom d'ivrogne que lui donna l'amitié de Saint-Amand, et que l'auteur moraliste de l'Honnête Homme n'avait de commun avec le cabaret que la consonnance de son nom. — V. *Géruzez, Essais d'Histoire Littéraire*, 2. éd. *Paris 1853. Pélisson, Histoire de l'Acad. fr.* Vol. V.

1) Ce mot vient de trappe; vieil all. trapo, Schlinge.

2) Il faut toujours en revenir à ce précepte, dont l'importance est confirmée par l'accord unanime des meilleurs écrivains anciens et modernes. La Bruyère dit: „Nos pensées doivent être prises dans le bon sens et la droite raison, et doivent être un effet de notre jugement (Caractères, V.)." „*Est eloquentiae*, lit-on en effet dans l'*Orateur* de Cicéron, chap. 21, *sicut reliquarum rerum, fundamentum sapientia.*" Mr. de Chateaubriand a dit de même, tome XII de ses *Oeuvres complètes*, in 8º, 1839. p. 26: „L'imagination et l'esprit ne sont point, comme on le suppose, la base du véritable talent: c'est le jugement et le bon sens." Voy. aussi: *Buffon*, Discours sur le Style.

3) La grammaire exige *par* et non *de*; mais les poètes emploient souvent l'un pour l'autre quand le participe est pris figurément ou détourné de son acception ordinaire.

4) Boileau parle ici des *concetti*. Ces jeux de la pensée que Gongora et Lopez de Véga avaient mis à la mode en Espagne, favorisés par l'influence de cette nation sur la plus grande partie de la Péninsule, s'introduisirent en Italie sous le nom de *concetti* et y trouvèrent un sol trop bien disposé à les recevoir, car le raffinement de la pensée était chose ancienne dans ce pays. Il semble que le climat pousse à la subtilité et à la recherche: Pétrarque n'en était pas exempt; le Tasse avouait qu'il avait quelquefois pris l'assaisonnement pour l'aliment lui-même *(prendendo el condimento pel nutrimento)*; Guarini, Tansillo renchérirent sur les défauts des maîtres, mais Marini personnifia en lui l'affectation et le mauvais goût si souvent reprochés à son siècle et à son pays. Accueilli à la cour tout italienne de Marie de Médicis, il en infecta la France, où ses ouvrages, accompagnés de vers louangeurs de Porchères, de Berthelot, de Colletet, parurent sous le patronage de Chapelain. V. *Rathery, Influence de l'Italie sur les Lettres françaises, Paris 1853*.

Tout doit tendre au bon sens; mais, pour y parvenir, 45
Le chemin est glissant et pénible à tenir;
Pour peu qu'on s'en écarte, aussitôt on se noie:
La raison, pour marcher, n'a souvent qu'une voie.

Un auteur quelquefois, trop plein de son objet,
Jamais sans l'épuiser n'abandonne un sujet. 50
S'il rencontre un palais, il m'en dépeint la face;
Il me promène après de terrasse en terrasse.
Ici s'offre un perron; là règne un corridor:
Là ce balcon s'enferme en un balustre d'or.
Il compte des plafonds les ronds et les ovales: 55
„Ce ne sont que festons, ce ne sont qu'astragales[1]."
Je saute vingt feuillets pour en trouver la fin,
Et je me sauve à peine au travers du jardin[2]).
Fuyez de ces auteurs l'abondance stérile,
Et ne vous chargez point d'un détail inutile. 60
Tout ce qu'on dit de trop est fade et rebutant:
L'esprit rassasié le rejette à l'instant[3]).
Qui ne sait se borner ne sut jamais écrire.

Souvent la peur d'un mal nous conduit dans un pire[4]:
Un vers étoit trop foible, et vous le rendez dur: 65
J'évite d'être long, et je deviens obscur[5]).
L'un n'est point trop fardé; mais sa muse est trop nue:
L'autre a peur de ramper, il se perd dans la nue[6]).

Voulez-vous du public mériter les amours?
Sans cesse en écrivant variez vos discours. 70
Un style trop égal et toujours uniforme
En vain brille à nos yeux, il faut qu'il nous endorme.

---

1) Ce vers est de Scudéry: *Ce ne sont que festons, ce ne sont que couronnes.* Boileau en a changé le dernier mot, pour mieux faire sentir l'abondance stérile de ce poète qui, dans son *Alaric*, emploie seize pages à la description d'un palais, commençant par la façade et finissant par le jardin.
2) Voyez: p. 10, note 6.
3) *Quidquid praecipis, esto brevis, ut cito dicta*
Percipiant animi dociles teneantque fideles.
Omne supervacuum pleno de pectore manat. Hor. Ars p. v. 335.
4) *In vitium ducit culpae fuga, si caret arte.* Hor. Ars p. v. 31.
5) *Brevis esse laboro,*
Obscurus fio: sectantem levia, nervi
Deficiunt animique: professus grandia turget:
Serpit humi tutus nimium, timidusque procellae. Hor. Ars p. v. 25.
6) *Aut, dum vitat humum, nubes et inania captet.* Hor. Ars p. v. 230.

On lit peu ces auteurs, nés pour nous ennuyer,
Qui toujours sur un ton semblent psalmodier¹).

Heureux qui, dans ses vers, sait d'une voix légère²) 75
Passer du grave au doux, du plaisant au sévère!
Son livre, aimé du ciel et chéri des lecteurs,
Est souvent chez Barbin³) entouré d'acheteurs.

Quoi que vous écriviez, évitez la bassesse:
Le style le moins noble a pourtant sa noblesse. 80
Au mépris du bon sens⁴), le burlesque⁵) effronté
Trompa les yeux d'abord, plut par sa nouveauté.
On ne vit plus en vers que pointes triviales:
Le Parnasse parla le langage des halles.
La licence à rimer alors n'eut plus de frein⁶): 85
Apollon travesti⁷) devint un Tabarin⁸).

1)   *ut citharoedus*
Ridetur, chorda qui semper oberrat eadem. Hor. Ars p. v. 355.
2) *Omne tulit punctum, qui miscuit utile dulci,*
Lectorem delectando, pariterque monendo. Hor. Ars. p. v. 343.
3) Libraire bien connu de ce temps.
4) Les premières éditions portaient: *Sous l'appui de Scarron.*
5) Le burlesque. Pendant que Marini venait apporter en France les goûts littéraires de l'Italie contemporaine, les littérateurs français continuaient à voyager dans ce pays: Balzac en rapporta quelques expressions éloquentes, Voiture des jeux de mots, et Scarron le genre burlesque. Le mot et la chose sont d'origine italienne. On les fait dériver des *burles* ou bourdes de Burchiello, dont les vers, dit Ginguené, n'ont pas de sens, mais paraissent toujours prêts à en avoir, définition qui pourrait s'appliquer à beaucoup de vers composés sérieusement.

Scarron ne manqua pas d'adopter le genre créé par Burchiello, et continué par Lalli, Caporali, Lippi et d'autres. En effet, quelques années après son retour d'Italie, nous voyons le burlesque, baptisé par Sarrasin, produire en France, sous la plume de son introducteur: l'*Énéide travestie* et la *Gigantomachie,* sujets empruntés de l'italien; sous celle de d'Assouci: l'*Ovide en belle humeur;* puis patroné à l'Académie par Saint-Amand, qui sollicita la mission de recueillir les termes du genre pour le Dictionnaire.

Pour être juste, reconnaissons que le burlesque, toujours grossier en France, n'y obtint qu'une vogue passagère et tomba comme tant d'autres ridicules devant la juste sévérité de Boileau (V. *Rathery, loc. cit.*, et un article sur le Burlesque dans les *Curiosités littéraires* (Paris, Paulin, 1845, où il est dit que les anciens connurent la poésie burlesque. La *Batrachomyomachie,* gratuitement attribuée à Homère, lève tous les doutes sur ce sujet.) —

6) Cette licence alla si loin qu'on mit la Passion de J. C. en vers burlesque (1649): *Pélisson, Histoire de l' Académie.*

7) Allusion à l'*Énéide travestie* de Scarron. Quoi qu'on en puisse dire, cet ouvrage est rempli de finesse et de gaieté: il est impossible de rendre plus bourgeois les personnages de l'Énéide, et de saisir avec plus d'esprit le côté ridicule de ses héros, et surtout du pieux Énée, *bâtard, dévot et poltron,* comme l'a si bien qualifié l'abbé Barthélemy. Le livre de Scarron est bien supérieur à ceux de l'Italien Lalli et de l'Allemand Blumauer, qui ont traité le même sujet.

Le seul poème français de ce genre qui mérite d'être mis en parallèle avec le Virgile travesti est *la Henriade travestie,* de Monbron, à Berlin, *aux dépens du public,* 1758, in 12. L'original y est parodié presque vers par vers.

8) Tabarin, célèbre farceur du 17. siècle. D'abord valet du charlatan Mondor, il

Cette contagion infecta les provinces,
Du clerc et du bourgeois passa jusques aux princes;
Le plus mauvais plaisant eut ses approbateurs,
Et, jusqu'à d'Assouci¹), tout trouva des lecteurs. 90
Mais de ce style enfin la cour désabusée
Dédaigna de ces vers l'extravagance aisée;
Distingua le naïf du plat et du bouffon²),
Et laissa la province admirer le Typhon³).
Que ce style jamais ne souille votre ouvrage, 95
Imitons de Marot l'élégant badinage⁴),
Et laissons le burlesque aux plaisants du Pont-Neuf⁵).

Mais n'allez point aussi, sur les pas de Brébeuf,
Même en une Pharsale, entasser sur les rives,
„De morts et de mourants cent montagnes plaintives⁶)." 100
Prenez mieux votre ton: soyez simple avec art,
Sublime sans orgueil, agréable sans fard.

courut plus tard la ville et la province et prit surtout pour théâtre de ses farces le Pont-Neuf et la place Dauphine. V. *Inventaire universel des Oeuvres de Tabarin, contenant ses fantaisies, dialogues, farces, etc. Paris*, 1622, in 12. — Dans la burlesque création du *capitaine Rodomond*, sa meilleure farce, il a très-bien personnifié la fanfaronnade castillane.

1) D' Assouci (C. Coypeau), surnommé *le Singe de Scarron*, était fils d'un avocat au Parlement; il naquit à Paris en 1604 et mourut en 1679. Il publia ses aventures bizarres, que Bayle a reproduites dans son Dictionnaire. (V. *Les Aventures d'Italie de M. d'Assoucy, Paris*, Quinet, 1678.) Outre l'ouvrage que nous avons cité p. 13. n. 5, il a travesti *le Ravissement de Proserpine*, poëme épique de Claudius Claudianus, auteur latin du IV. Siècle.

2) Bouffon qualifie ce qui fait rire avec excès en faisant fi de la vraisemblance.

3) Ou la *Gigantomachie*, de Scarron (1644).

4) Clément Marot, né à Cahors en 1495, mort à Turin en 1544, dans l'indigence. Il a laissé des chansons, des ballades, des chants royaux, des rondeaux, mais il excelle dans l'épître et l'épigramme. Cette dernière surtout a été son triomphe: il semble l'avoir inventée, tant il la tourne avec aisance, la manie avec facilité dans tous les sens, la rapproche à son gré du conte, du madrigal et de la chanson, ou la laissant à elle-même, l'aiguise avec finesse et la lance en se jouant. Il égale plus d'une fois Anacréon, Catulle et Martial: il traduit même ce dernier. Mais le talent de l'imitation est bien mince dans l'épigramme et Marot pouvait s'en passer. Poète de son époque et de sa nation avant tout, il emprunte de préférence à la gaieté contemporaine les objets qu'il voue à la raillerie.

5) Les vendeurs de mithridate et les joueurs de marionnettes se mettaient autrefois sur le Pont-Neuf. Comp. ch. III. v. 424—129.

6) Vers de Brébeuf (1618—1661). Ce poète mourut de misère. Deux fois il travestit Lucain; la première, en le traduisant sérieusement, la seconde, en le parodiant; mais il est resté bien au-dessous de Scarron. Son ouvrage burlesque a pour titre: *La Pharsale de Lucain, en vers enjoués, Paris*, 1655. On trouve pourtant quelques beaux vers chez lui, et parfois, mais à de rares intervalles, une grande élévation de style. — L'hyperbole de Brébeuf, qui n'est pas dans Lucain, est empruntée d'un historien du Bas-Empire: *Stabant acervi montium similes, fluebat cruor fluminum modo* (Sext. Aurel. Vict. in *Epitome Hist. Augusta de Julian. Imper.*) V. Géruzez, hist. de la litt. franç. Paris. 1863. II p. 231.

N'offrez rien au lecteur que ce qui peut lui plaire.
Ayez pour la cadence une oreille sévère:
Que toujours dans vos vers le sens coupant les mots,   105
Suspende l'hémistiche, en marque le repos[1]).

Gardez qu'une voyelle à courir trop hâtée,
Ne soit d'une voyelle en son chemin heurtée[2]).

Il est un heureux choix de mots harmonieux:
Fuyez des mauvais sons le concours odieux[3]).   110
Le vers le mieux rempli, la plus noble pensée,
Ne peut plaire à l'esprit, quand l'oreille est blessée[4]).

Durant les premiers ans du Parnasse françois,
Le caprice tout seul faisoit toutes les lois[5]).
La rime, au bout des mots assemblés sans mesure,   115
Tenoit lieu d'ornements, de nombre et de césure[6]).
Villon sut le premier, dans ces siècles grossiers,
Débrouiller l'art confus de nos vieux romanciers[7]):

---

1) Boileau a soin de marquer ici la césure mieux que jamais. Il est des occasions pourtant où l'inobservation de cette règle fait beauté. Ainsi Millevoie a mis un vers fort remarquable pour l'omission de la césure, dans son épisode du *Lion de Florence*, lorsque la mère éperdue voit son fils sous la dent de l'animal terrible : il dit:
elle s'arrête,
Immobile, les yeux fixes, les bras tendus.
Voyez ce que nous disons sur l'hémistiche et la césure, p. 81, de notre *Phonologie françoise au XIX. Siècle, Leipzig, Brockhaus*, 1851.

2) Évitez l'hiatus ou le bâillement; le concours vicieux de deux voyelles.

3) La cacophonie.

4) Dans son Orateur Cicéron dit à Brutus: *Quamvis enim suaves gravesque sententiae, tamen si inconditis verbis efferuntur, offendent aures, quarum est judicium superbissimum :* et plus bas: *Voluptati autem aurium morigerari debet oratio.*

5) Au XVIIe siècle on prononçait *françoué, loué*, prononciation qui s'est conservée dans le patois picard, voilà pourquoi ces mots, qui rimaient alors, ne riment plus aujourd'hui.

6) Dans une poésie aussi barbare que l'était celle du moyen-âge, la rime avait du moins l'avantage de rendre des poésies, destinées à devenir populaires, plus faciles à retenir. De jeu d'esprit et de mauvais goût qu'elle était d'abord, elle devint plus tard, un ornement poétique. Dans les trouvères du XIIIe siècle, on trouve déjà des rimes croisées, redoublées, et le mélange des rimes masculines et féminines, comme dans la prosodie actuelle.

7) François Corbueil, surnommé Villon (1431—1500) n'a pas, quoi qu'en dise Boileau :
Débrouillé l'art confus de nos vieux romanciers.
Il n'a rien changé ni au langage, ni à la versification ; le vers de huit syllabes qu'il emploie de préférence était celui des fabliaux: avant lui, la ballade et le rondeau étaient en honneur: ce qui lui appartient, c'est la vérité des sentiments, c'est le relief et la couleur du langage, c'est le mépris de la froide allégorie, l'oubli de ces singuliers personnages du Roman de la Rose et auxquels Charles d'Orléans payait un large tribut. Villon, ce garnement spirituel, ce vaurien qui échappa par une sorte de miracle à la potence toujours dressée sous le règne de Louis XI., Villon rompt avec le moyen-âge et inaugure la poésie moderne. Entre Villon et l'art des vieux romanciers, il y a toute une révolution; entre Villon et la Renaissance, il y a un abîme.

Marot, bientôt après, fit fleurir les ballades[1],
Tourna des triolets[2], rima des mascarades[3], 120
A des refrains réglés asservit les rondeaux,
Et montra pour rimer des chemins tout nouveaux.
Ronsard, qui le suivit, par une autre méthode,
Réglant tout, brouilla tout, fit un art à sa mode,
Et toutefois longtemps eut un heureux destin. 125
Mais sa muse, en françois parlant grec et latin,
Vit dans l'âge suivant, par un retour grotesque,
Tomber de ses grands mots le faste pédantesque[4].

Villon est philosophe et railleur. Il possède en outre une teinte de mélancolie vague et sympathique inconnue avant lui. Son rhythme est ferme, son inspiration puisée dans la nature et dans l'humanité. On s'étonne parfois de la voir s'élever si haut en nommant si crûment les choses par leur nom : il offre un mélange singulier de sensibilité et de rudesse ; jamais il n'est apprêté, jamais il n'imite ; c'est un athlète qui combat tout nu. Sa vue perçante se fixe au détail des objets, et il les peint avec une conscience que rien ne fait reculer.

Du temps de Boileau, l'ancienne littérature française était peu connue, et la philosophie n'avait pas pénétré dans le domaine de la science philologique, où de nos jours seulement, elle fait ses premiers pas. Ce grand poète avait feuilleté Villon et l'avait reconnu pour un des siens. S'il se méprit sur la place qu'il doit occuper, on ne doit pas moins lui savoir gré de cette distinction qui tombe si juste sur le plus éminent et le plus français des poètes antérieurs à Marot et le contemporain de Coquillart, qu'on a trop négligé, auteur de vraie race gauloise, trop libre en paroles, mais franc de style et d'idées.

Paul Lacroix vient de publier une nouvelle édition des *Oeuvres de Villon, revues, corrigées et annotées* (*Paris, Jannet*, 1855), et Théophile Gautier lui a consacré une notice tracée avec une verve originale.

1) Voyez la Notice sur Boileau, p. 3, n. 2.

2) Le triolet, autrefois *rondel*, consiste à répéter le même vers trois fois dans un huitain.

3) De l'it. *mascherata*, chant dont on accompagnait les danses exécutées par des personnes masquées. Dans cet éloge de Marot, Boileau a tort de dire qu'il *tourna des triolets, rima des mascarades,* car il n'y a pas une seule pièce de ce genre parmi ses charmantes poésies. Voyez p. 14, n. 4.

4) Pierre de Ronsard (1524—1585). Ce nom rappelle une gloire immense et une cruelle catastrophe : jamais les gémonies ne furent plus voisines de l'apothéose, ni, pour parler comme Mirabeau, la roche Tarpéienne plus près du Capitole. Mais ce nom ballotté entre la gloire et le ridicule ne saurait être obscur : il marque la date d'une tentative littéraire qui conserve sa place dans l'histoire, et dont l'avortement n'a pas été stérile, car si Malherbe a pu complètement réussir dans son oeuvre, c'est qu'il avait des précurseurs, martyrs de la cause dont il a été le héros. Il est juste de ne pas s'associer à l'ingratitude de l'heureux réformateur, impitoyable détracteur de ceux qui ont préparé son triomphe. Ne tourmentons donc pas la grande ombre de Ronsard : il y eut tant de patriotisme dans le principe de ses erreurs, son génie est si supérieur à celui des écrivains qui l'ont détrôné, que sa déchéance attriste. „Condamner Ronsard, dit M. Wey, sans déduire les circonstances atténuantes, c'est être injuste. Renonçons donc à la cruauté de jeter du ridicule sur le monument du poète *trébuché de si haut*, comme l'a bien dit le satirique; et, nous bornant à conclure avec lui, par ce terrible exemple, que le génie le plus divin n'est rien sans la langue, reconnaissons un fait passé sous silence par l'esprit de parti, à savoir que Ronsard est le seul des poètes de la Renaissance qui ait intro-

> Ce poète orgueilleux, trébuché de si haut,
> Rendit plus retenus Desportes et Bertaut[1]).   130
>
> Enfin Malherbe vint[2]), et, le premier en France,
> Fit sentir dans les vers une juste cadence,
> D'un mot mis en sa place enseigna le pouvoir[3]),
> Et réduisit la muse aux règles du devoir.

duit dans le langage des vers le ton noble, le tour ample du discours cicéronien, et la majesté de l'éloquence. Ces qualités sont bien à lui; il en puisa le germe dans un coeur honnête et une ame élevée (*Révol. du Langage en France*)." Voyez sur Ronsard: *Géruzez, Essais d'Histoire littéraire, Vol. I*, et les *Oeuvres choisies* de ce poète qu'a publiées Paul Lacroix (*Jacob biblioph.*).

1) Cette retenue porte sur deux points. Premièrement, au lieu d'embrasser, comme Ronsard, tous les genres de poésies, depuis l'ode et l'épopée jusqu'à l'églogue et aux gaietés, ils firent choix de quelques genres auxquels ils se bornèrent; secondement, dans ce grand nombre de mots indiscrètement créés par le chef de la Pléiade et étonnés de se trouver ensemble, ils eurent le bon goût de ne prendre que ceux qui leur parurent conformes au génie de la langue française. Au reste, c'est la tradition de Ronsard qui se continue en eux; Desportes (1546—1606) surtout lui emprunte franchement le fond et le cadre de toutes ses poésies; comme lui, il écrit des *amours*, des *sonnets*, des *chansons*, etc.; comme lui, il célèbre des passions de commande et des Iris en l'air; comme lui aussi trop souvent il tombe dans des fadeurs insupportables, que rachètent un peu, mais que ne sauraient faire oublier un assez grand nombre de vers pleins de grace, de douceur et de délicatesse.

Dans Bertaut (1552—1611), il y a deux poètes: il y a le poète de la grace et de la douceur qui imite Desportes en le surpassant, et le poète noble, élevé, marchant sur les traces de Ronsard, mais sachant éviter le jargon, le pédantisme, et perfectionner les exemples du maitre.

2) Boileau n'a rien dit de trop en saluant comme un triomphe l'arrivée de Malherbe; car c'est l'avènement même de la poésie française. Il faut se rappeler la situation littéraire de la France à cette époque. Ronsard, à un signal donné par du Bellay, s'était jeté en aveugle sur les chefs-d'oeuvre de l'antiquité; il avait pillé indistinctement l'Italie et la Grèce, et, transportant leurs dépouilles en France, il avait essayé d'en habiller les idées nationales; d'un autre côté il avait payé à Pétrarque un tribut de sept cents sonnets; et enfin il avait fait appel à tous les patois pour former la langue française. La poésie était devenue inabordable à tout lecteur qui n'était pas érudit: son air pédantesque décourageait la foule. Elle était souvent triviale et basse par le fond, sans en être pour cela plus claire. Desportes et Bertaut, *plus retenus* que Ronsard, semblaient n'avoir évité ses défauts que parce qu'ils n'avaient pas son génie. Leur timidité laissait les choses dans le même état; les théories de la Pléiade continuaient à faire loi. Il fallait les renverser en donnant le précepte et l'exemple d'une poésie à la fois populaire et noble. Ce rôle était réservé à Malherbe.

Son génie semblait y être prédestiné: Plus étendu, il aurait eu moins d'énergie: plus passionné et plus riche d'idées, il aurait dédaigné un travail qui demandait, plutôt un grammairien qu'un poète inspiré. Ses pensées, concentrées presque exclusivement sur la grammaire et la prosodie, façonnèrent l'instrument et le moule de la poésie; d'autres vinrent ensuite qui, grâce à lui, purent en tirer des accords plus hardis et y jeter des pensées plus profondes. On ne saurait nier que Malherbe n'eût peu d'idées et une verve peu abondante, mais il sut la ménager et ne la répandre que lorsqu'elle s'était amassée et condensée au point de produire quelque oeuvre virile. Ses produits sont rares, mais vigoureux. Moins sobre de génie, il l'eût rapidement épuisé aux dépens de sa gloire.

3) Rien de plus important que la place des mots. Virgile nous en fournit mille exemples. Lorsqu'il représente les femmes troyennes qui regardent la mer en pleu-

Par ce sage écrivain la langue réparée 135
N'offrit plus rien de rude à l'oreille épurée.
Les stances avec grace apprirent à tomber,
Et le vers sur le vers n'osa plus enjamber [1]).
Tout reconnut ses lois: et ce guide fidèle
Aux auteurs de ce temps sert encor de modèle. 140
Marchez donc sur ses pas, aimez sa pureté [2]),
Et de son tour heureux imitez la clarté.
Si le sens de vos vers tarde à se faire entendre,
Mon esprit aussitôt commence à se détendre,
Et, de vos vains discours prompt à se détacher, 145
Ne suit point un auteur qu'il faut toujours chercher.

Il est certains esprits dont les sombres pensées
Sont d'un nuage épais toujours embarrassées:
Le jour de la raison ne le sauroit percer.
Avant donc que d'écrire [3]), apprenez à penser. 150
Selon que notre idée est plus ou moins obscure,
L'expression la suit, ou moins nette, ou plus pure:
Ce que l'on conçoit bien s'énonce clairement [4]),
Et les mots pour le dire arrivent aisément.

Surtout qu'en vos écrits la langue révérée [5]) 155
Dans vos plus grands excès vous soit toujours sacrée.
En vain vous me frappez d'un son mélodieux,
Si le terme est impropre, ou le tour vicieux:

---

rant, il dit: *Pontum aspectabant flentes*. Mettez *Flentes pontum aspectabant*, et l'image disparaît; et de même pour ce vers: *Navem in conspectu nullam*. Un poète ordinaire aurait mis: *Nullam in conspectu navem*. L'expression alors perdait toute sa magie.

1) De nos jours, l'enjambement a repris faveur, et beaucoup de poètes en ont abusé. Voyez: *de Castres, Chefs-d'oeuvre lyriques de la France*, Leipzig, Schlicke, 1854. *p.* 28. —

2) Mais à force d'émonder, de brosser le tissu de la langue française, Malherbe amincit le corps de l'étoffe, et l'Académie, son élève et sa fille, contribua, tout en perfectionnant son oeuvre de régénération à un réel appauvrissement du langage poétique. Ainsi, la versification nationale, corrompue d'abord, travestie, et par là devenue inférieure à la prose, retrouva une autre cause d'infériorité dans l'excès de la sobriété; la prose resta libre, sa céleste soeur passa de la licence à la servitude. —

3) *Avant que de* est tombé en désuétude, *avant de* l'a remplacé, mais les poètes en font usage suivant les besoins de la mesure, et l'Académie, qui ne dit rien à cet égard, semble autoriser les deux locutions.

4)   *Cui lecta potenter erit res;*
   Nec facundia deseret hunc, nec lucidus ordo. Hor. Ars p. v. 40.
   Verbaque provisam rem non invita sequentur. Hor. Ars p. v. 311.

5) Ce précepte a été celui de tous les bons écrivains. Quintilien veut que, dès l'enfance, on s'accoutume à respecter la langue, et il s'exprime ainsi à cet égard: *Ante omnia, ne sit vitiosus sermo nutricibus: ne adsuescat puer, ne dum infans quidem est, sermoni qui dediscendus sit* (Inst. or. l. 1.)

Mon esprit n'admet point un pompeux barbarisme[1]),
Ni d'un vers ampoulé l'orgueilleux solécisme; 160
Sans la langue, en un mot, l'auteur le plus divin
Est toujours, quoi qu'il fasse, un méchant écrivain.

Travaillez à loisir, quelque ordre qui vous presse[2]),
Et ne vous piquez point d'une folle vitesse[3]):
Un style si rapide, et qui court en rimant, 165
Marque moins trop d'esprit que peu de jugement.
J'aime mieux un ruisseau qui, sur la molle arène,
Dans un pré plein de fleurs lentement se promène,
Qu'un torrent débordé qui, d'un cours orageux,
Roule, plein de gravier, sur un terrain fangeux. 170
Hâtez-vous lentement[4]); et, sans perdre courage,
Vingt fois sur le métier remettez votre ouvrage.
Polissez-le sans cesse et le repolissez[5]);
Ajoutez quelquefois, et souvent effacez[6]).

C'est peu qu'en un ouvrage où les fautes fourmillent, 175
Des traits d'esprit semés de temps en temps pétillent.
Il faut que chaque chose y soit mise en son lieu;
Que le début, la fin, répondent au milieu[7]);

---

1) Allusion au vers de Corneille:
      Ton bras est *invaincu*, mais non pas invincible. (Le Cid. II. 2. 22.)
Malheureusement Boileau est dans son tort, et l'Académie a admis ce mot dans son Dictionnaire comme poétique et dans le style soutenu.

2) *Nonumque prematur in annum.* Hor. Ars p. v. 388.

3) Boileau travaillait ses ouvrages; mais Scudéry laissait courir sa plume sur le papier, et disait, pour s'excuser, *qu'il avait ordre de finir.*

4) Oxymoron qui renferme un grand sens. Ce mot était familier à l'empereur Auguste, à l'empereur Titus, et à plusieurs grands hommes. Σπεῦδε βραδέως, *festina lente.* Voyez les *Adages* d'Erasme.

5)   *Carmen reprendite, quod non*
  Multa dies et multa litura coercuit, atque
  Praesectum decies non castigavit ad unguem. Hor. Ars p. v. 292.

6) *Saepe stilum vertas, iterum quae digna legi sint*
  Scripturus.   Hor. Sat. lib. I. 10. v. 80.
Et Saint-Jérôme: *Major styli pars quae delet quam quae scribit. (Ep. ad Domn.)* "Le côté du style (griffe) qui sert à effacer est plus grand que celui qui sert à écrire."

7) *Inter quae verbum emicuit si forte decorum,*
  Si versus paullo concinnior unus et alter;
  Injuste totum ducit venditque poema. Hor. Epist. II. 1. v. 73.
Il dit ailleurs, dans un sens contraire, qu'il n'est point choqué de ces fautes légères qui échappent aux meilleurs esprits, si leur oeuvre renferme d'ailleurs de grandes beautés:
  Verum, ubi plura nitent in carmine, non ego paucis
  Offendar maculis, quas aut incuria fudit,
  Aut humana parum cavit natura. Ars. p. v. 351.
Primo ne medium, medio ne discrepet imum. Hor. Ars p. v. 152.

Que d'un art délicat les pièces assorties
N'y forment qu'un seul tout de diverses parties[1]);   180
Que jamais du sujet le discours s'écartant
N'aille chercher trop loin quelque mot éclatant.

Craignez-vous pour vos vers la censure publique?
Soyez-vous à vous-même un sévère critique:
L'ignorance toujours est prête à s'admirer[2]).   185

Faites-vous des amis prompts à vous censurer.
Qu'ils soient de vos écrits les confidents sincères,
Et de tous vos défauts les zélés adversaires:
Dépouillez devant eux l'arrogance d'auteur;
Mais sachez de l'ami discerner le flatteur[3]):   190
Tel vous semble applaudir, qui vous raille et vous joue.
Aimez qu'on vous conseille, et non pas qu'on vous loue.

Un flatteur aussitôt cherche à se récrier:
Chaque vers qu'il entend le fait extasier[4]).
Tout est charmant, divin; aucun mot ne le blesse;   195
Il trépigne de joie, il pleure de tendresse;

---

1) *Denique sit quidvis, simplex dumtaxat et unum.* Hor. Ars p. v. 23.
Buffon a dit: „Cependant, tout sujet est un; et, quelque vaste qu'il soit, il peut être renfermé dans un seul discours (*Discours sur le Style*)." Et Fénélon: „Tout le discours est un; il se réduit à une seule proposition mise au plus grand jour par des tons variés. Cette unité de dessein fait qu'on voit d'un seul coup d'oeil l'ouvrage entier, comme on voit, de la place publique d'une ville, toutes les rues et toutes les portes, quand toutes les rues sont droites, égales et en symétrie (*Lettre sur les Occupations de l'Académie française*.)."
2) *Ridentur mala qui componunt carmina; verum*
Gaudent scribentes et se venerantur et ultro,
Si taceas, laudant quidquid scripsere beati.
At qui legitimum cupiet fecisse poema,
Cum tabulis animum censoris sumet honesti:
Audebit, quaecunque parum splendoris habebunt
Et sine pondere erunt et honore indigna ferentur,
Verba movere loco, quamvis invita recedant
Et versentur adhuc intra penetralia Vestae. Hor. Epist. II, 2. v. 106.
3) *Mirabor, si sciet inter*
Noscere mendacem verumque beatus amicum. Hor. Ars p. v. 424.
Et un peu plus bas, vers 436:
Si carmina condes,
Nunquam te fallant animi sub vulpe latentes.
4) *Nolito ad versus tibi factos ducere plenum*
Laetitiae; clamabit enim: „Pulchre, bene, recte!"
Pallescet super his; etiam stillabit amicis
Ex oculis rorem, saliet, tundet pede terram.
Ut qui conducti plorant in funere, dicunt
Et faciunt prope plura dolentibus ex animo, sic
Derisor vero plus laudatore movetur. Hor. Ars p. v. 427.

Il vous comble partout d'éloges fastueux.
La vérité n'a point cet air impétueux.

Un sage ami, toujours rigoureux, inflexible[1]),
Sur vos fautes jamais ne vous laisse paisible: 200
Il ne pardonne point les endroits négligés,
Il renvoie en leur lieu les vers mal arrangés,
Il réprime des mots l'ambitieuse emphase;
Ici le sens le choque, et plus loin c'est la phrase.
Votre construction semble un peu s'obscurcir: 205
Ce terme est équivoque: il le faut éclaircir.
C'est ainsi que vous parle un ami véritable.

Mais souvent sur ses vers un auteur intraitable
A les protéger tous se croit intéressé,
Et d'abord prend en main le droit de l'offensé. 210
De ce vers, direz-vous, l'expression est basse. —
Ah! monsieur, pour ce vers je vous demande grâce,
Répondra-t-il d'abord. — Ce mot me semble froid;
Je le retrancherois. — C'est le plus bel endroit! —
Ce tour ne me plaît pas. — Tout le monde l'admire. — 215

Ainsi, toujours constant à ne se point dédire,
Qu'un mot dans son ouvrage ait paru vous blesser,
C'est un titre chez lui pour ne point l'effacer.
Cependant, à l'entendre, il chérit la critique[2]):
Vous avez sur ses vers un pouvoir despotique. 220
Mais tout ce beau discours dont il vient vous flatter,
N'est rien qu'un piége adroit pour vous les réciter[3]).
Aussitôt il vous quitte, et, content de sa muse,
S'en va chercher ailleurs quelque fat qu'il abuse:

---

1) *Vir bonus et prudens versus reprendet inertes,*
Culpabit duros, incomptis allinet atrum
Transverso calamo signum, ambitiosa recidet
Ornamenta, parum claris lucem dare coget,
Arguet ambigue dictum, mutanda notabit,
Fiet Aristarchus.   Hor. Ars p. v. 445.
2) *Et verum, inquit, amo; verum mihi dicite de me.* Pers. Sat. 4. v. 52.
3) Boileau fait ici allusion à Quinault (1635—1688), poète qu'il a trop dénigré. Voltaire l'a trop vanté, mais il n'en est pas moins un poète harmonieux et délicat, et le créateur de la tragédie lyrique. Après avoir fait de mauvaises tragédies et d'insipides comédies, il excella dans l'opéra, où l'un des mérites de la poésie est de se plier aux exigences de la musique. L'opéra d'*Armide* est son chef-d'oeuvre.
Quinault et Boileau furent longtemps brouillés, mais s'étant réconciliés, celui-ci disait souvent: „Il n'a voulu se raccommoder avec moi que pour me parler de ses vers; et il ne me parle jamais des miens."

Car souvent il en trouve. Ainsi qu'en sots auteurs, 225
Notre siècle est fertile en sots admirateurs ;
Et, sans ceux que fournit¹) la ville et la province,
Il en est chez le duc, il en est chez le prince.
L'ouvrage le plus plat a, chez les courtisans,
De tout temps rencontré de zélés partisans ; 230
Et, pour finir enfin par un trait de satire,
Un sot trouve toujours un plus sot qui l'admire²).

---

1) Lorsqu'il y a plusieurs sujets unis par une des conjonctions *et*, *ni*, le verbe se met au pluriel, que les sujets le précèdent ou le suivent. Mais les exceptions à cette règle fourmillent, et les grands écrivains l'accordent bien souvent avec le substantif qui en est le plus rapproché:
La tendresse et la crainte
Pour lui dans tous les coeurs *était* alors éteinte. (*Voltaire.*)
Mais pourquoi, dira-t-on, cet exemple odieux?
Que *peut* servir ici *l'Egypte et ses faux dieux? (Boileau.)*

2) Ce vers est passé en proverbe. Dans tout ce poëme, si attrayant, l'histoire littéraire et la satire diversifient agréablement et relèvent d'une manière piquante le fond didactique. Les épigrammes surtout y abondent vives et acérées. —

CHANT SECOND.

Le second chant décrit l'idylle ou l'églogue, l'élégie, l'ode, le sonnet, l'epigramme, le rondeau, la ballade, le madrigal, la satire et le vaudeville. Boileau varie ici son style avec autant d'art que d'habileté, pour peindre chaque genre de poésie des couleurs qui lui sont propres.

 Telle qu'une bergère, au plus beau jour de fête,
 De superbes rubis ne charge point sa tête,
 Et, sans mêler à l'or l'éclat des diamants,
 Cueille en un champ voisin ses plus beaux ornements:
 Telle, aimable en son air, mais humble dans son style,   5
  Doit éclater sans pompe une élégante idylle[1]).
 Son tour simple et naïf n'a rien de fastueux,
  Et n'aime point l'orgueil d'un vers présomptueux.
 Il faut que sa douceur flatte, chatouille, éveille,
 Et jamais de grands mots n'épouvante l'oreille.   10

 Mais souvent dans ce style un rimeur aux abois
 Jette là, de dépit, la flûte et le hautbois:
 Et, follement pompeux, dans sa verve indiscrète,
 Au milieu d'une églogue entonne la trompette.

---

 1) L'idylle ($εἰδύλλιον$) forme un petit poème champêtre qui contient des descriptions ou des narrations de quelques aventures agréables. La différence qu'il y a entre l'idylle et l'églogue est fort légère, et les auteurs les confondent souvent. Cependant il semble que l'usage veut plus d'action et de mouvement dans l'églogue, et que dans l'idylle on se contente de trouver des images, des récits ou des sentiments seulement.

 Autrefois ce mot était masculin et féminin. On lit dans les anciennes éditions de Boileau: *les idylles les plus courts* et *une élégante idylle*. L'Académie depuis 1740 l'a fait du genre féminin.

 L'idylle est un genre qui s'est perdu et qui ne renaîtra peut-être pas. Il y a quelques années pourtant qu'un chef-d'escadron, Delacroix, publia une excellente traduction en vers des idylles de Gessner (Paris, Cormon, 1848); c'est, si je ne faux, le dernier essai de ce genre. —

 Peut-on du reste faire des idylles, quand les champs sont traversés par des chemins de fer, et que le garde champêtre s'empare des brebis qui vont paître sur les prés communaux, quand Daphnis est capitaine de la garde nationale et Chloé dame de charité!

De peur de l'écouter, Pan fuit dans les roseaux; 15
Et les Nymphes, d'effroi, se cachent sous les eaux¹).

    Au contraire, cet autre, abject en son langage,
Fait parler ses bergers comme on parle au village.
Ses vers plats et grossiers, dépouillés d'agrément,
Toujours baisent la terre et rampent tristement: 20
On diroit que Ronsard, sur ses pipeaux rustiques,
Vient encor fredonner ses idylles gothiques,
Et changer, sans respect de l'oreille et du son,
Lycidas en Pierrot et Philis en Toinon²).

    Entre ces deux excès la route est difficile. 25
Suivez, pour la trouver, Théocrite et Virgile:
Que leurs tendres écrits, par les Grâces dictés,
Ne quittent point vos mains, jour et nuit feuilletés³).
Seuls, dans leurs doctes vers, ils pourront vous apprendre
Par quel art sans bassesse un auteur peut descendre; 30
Chanter Flore, les champs, Pomone, les vergers;
Au combat de la flûte animer deux bergers⁴);
Des plaisirs de l'amour vanter la douce amorce,
Changer Narcisse en fleur, couvrir Daphné d'écorce;
Et par quel art encor l'églogue quelquefois 35
Rend dignes d'un consul la campagne et les bois⁵).
Telle est de ce poème et la force et la grâce.

    D'un ton un peu plus haut, mais pourtant sans audace,
La plaintive élégie⁶), en longs habits de deuil,

---

1) Racan, Segrais, Me. Deshoulières ont réussi dans l'idylle, mais beaucoup d'autres poètes y ont échoué. Boileau les attaque également dans une de ses Satires:
    Viendrai-je en une églogue entouré de troupeaux,
    Au milieu de Paris enfler mes chalumeaux;
    Et dans mon cabinet, assis au pied des hêtres,
    Faire dire aux échos des sottises champêtres?
„Tout l'esprit de l'églogue, dit Jaucourt, doit être en sentiments et en images; on ne veut voir dans les bergers que des hommes bien organisés par la nature, et à qui l'art n'a point appris à composer et à décomposer leurs idées. Ce n'est que par les sens qu'ils sont instruits et affectés, et leur langage doit être comme le miroir où ces impressions se retracent. Un berger ne doit apercevoir que ce qu'aperçoit l'homme le plus simple sans réflexion et sans effort."

2) Dans ses Eglogues, Ronsard appelle Henri II., *Henriot*, Charles IX., *Carlin*, Catherine de Médicis, *Catin*, Henri de Guise, *Guisin*, et Madame Marguerite, duchesse de Savoie, *Margot*. Il emploie souvent le nom de *Pierrot*. Mais toutes ces expressions ne sont que des réminiscences des cas du vieux français, comme on peut le voir dans: *Fallot, Recherches sur les Formes grammaticales du Français au XIII. Siècle. Génin, des Variations du Langage français, Ampère, Histoire de la Formation de la Langue française*, etc.

3) — — *vos exemplaria graeca*
   Nocturna versate manu, versate diurna. Hor. Ars p. v. 269.

4) Virgile dans sa septième églogue.

5) *Si canimus silvas, silvae sint consule dignae.* Virg. Eglog. IV. v. 3.

6) Horace la décrit ainsi:

Sait, les cheveux épars, gémir sur un cercueil.   40
Elle peint des amants la joie et la tristesse,
Flatte, menace, irrite, apaise une maîtresse.
Mais, pour bien exprimer ces caprices heureux,
C'est peu d'être poète, il faut être amoureux.

   Je hais ces vains auteurs dont la muse forcée   45
M'entretient de ses feux, toujours froide et glacée;
Qui s'affligent par art, et, fous de sens rassis,
S'érigent, pour rimer, en amoureux transis.
Leurs transports les plus doux ne sont que phrases vaines;
Ils ne savent jamais que se charger de chaînes[1],   50
Que bénir leur martyre, adorer leur prison,
Et faire quereller les sens et la raison.
Ce n'étoit pas jadis sur ce ton ridicule
Qu'Amour dictoit les vers que soupiroit Tibulle[2],
Ou que, du tendre Ovide[3] animant les doux sons,   55
Il donnoit de son art les charmantes leçons.
Il faut que le coeur seul parle dans l'élégie.

   L'Ode[4] avec plus d'éclat et non moins d'énergie[5],

Versibus inpariter junctis querimonia primum,
Post etiam inclusa est voti sententia compos.
Quis tamen exiguos elegos emiserit auctor,
Grammatici certant, et adhuc sub judice lis est. Ars p. v. 75.

Kalidasa, poète indien, nous en donne l'origine. Il vit un jour deux tourterelles sur un arbre où elles avaient fait leur nid. La femelle s'envola et fut tuée d'un coup de flèche par un chasseur. Le mâle poussa des cris perçants et douloureux, qui pénétrèrent dans l'ame du sensible poète. Il se mit à chanter et composa la plaintive élégie.

1) Cette critique regarde Voiture et Scudéry. Le premier dit dans le Sonnet à *Uranie*, fait pour rivaliser avec le sonnet de Job par Benserade:
   Je bénis mon martyre et content de mourir, etc.;
et l'autre dans son Alaric où il rassemble plusieurs amants dans un séjour enchanté:
   Ton esclave est content, même quand il soupire.

2) Ce tendre poète vivait sous Auguste. On lit dans ses Elégies, l. 1. él. 7. v. 41:
   Absentes alios suspirat amores.
et l. 4. él. 7. v. 11.
   Quod si forte alios jam nunc suspirat amores.

3) Les poésies d'Ovide, remarquables par la grace et la facilité, mais un peu monotones, manquent en général de ce caractère profond d'originalité qui distingue les poètes du premier ordre. Boileau parle ici de deux de ses ouvrages: *Amorum*, lib. III; *Artis Amatoriae*, lib. III.

4) Ronsard est le premier qui ait introduit l'ode en France; malheureusement il y porta le même principe d'imitation que dans ses innovations linguistiques. Ces odes ressemblent aux panoplies des musées qui présentent aux yeux l'armure complète d'un héros antique: casque, cuirasse, brassards, bouclier, rien n'y manque que le guerrier qui doit s'en revêtir. C'est qu'il faisait d'abord le corps de ses odes, se réservant d'y souffler ensuite une ame vivante.

5) Description de l'ode dans Horace:
   Musa dedit fidibus divos puerosque deorum
   Et pugilem victorem et equum certamine primum,
   Et juvenum curas et libera vina referre. Ars p. v. 83.

Élevant jusqu'au ciel son vol ambitieux,
Entretient dans ses vers commerce avec les dieux.   60
Aux athlètes dans Pise¹) elle ouvre la barrière,
Chante un vainqueur poudreux au bout de la carrière,
Mène Achille sanglant aux bords du Simoïs²),
Ou fait fléchir l'Escaut sous le joug de Louis³).
Tantôt, comme une abeille ardente à son ouvrage,   65
Elle s'en va de fleurs dépouiller le rivage;
Elle peint les festins, les danses et les ris;
Vanté un baiser cueilli sur les lèvres d'Iris⁴),
Qui mollement résiste, et, par un doux caprice,
Quelquefois le refuse, afin qu'on le ravisse⁵).   70
Son style impétueux souvent marche au hazard;
Chez elle un beau désordre est un effet de l'art.

Loin ces rimeurs craintifs dont l'esprit flegmatique
Garde dans ses fureurs un ordre didactique;
Qui, chantant d'un héros les progrès éclatants,   75
Maigres historiens, suivront l'ordre des temps.
Ils n'osent un moment perdre un sujet de vue:
Pour prendre Dôle, il faut que Lille⁶) soit rendue,
Et que leur vers exact, ainsi que Mézerai⁷),
Ait fait déjà tomber les remparts de Courtrai.   80
Apollon de son feu leur fut toujours avare.

On dit, à ce propos, qu'un jour ce dieu bizarre,
Voulant pousser à bout tous les rimeurs françois,

---

1) Ville de Grèce en Élide, où l'on célébrait les jeux Olympiques. Allusion à Pindare, poète grec.
2) Fleuve de Phrygie, aux environs de Troie. Il s'opposa avec le Scamandre, autre fleuve, par un débordement, à la descente des Grecs qui venaient assiéger cette ville. V. Homère, Iliade, 21. v. 305 etc.
3) Boileau a fait une ode sur la prise de Namur. C'est un poème sans verve et sans grace.
4) *Ris* et *Iris* ne rimeraient plus à présent.
5) C'est la traduction de ces vers d'Horace:
    Dum flagrantia detorquet ad oscula
    Cervicem, aut facili saevitia negat
    Quae poscente magis gaudeat eripi.   Od. 2, 12, 25.
6) Lille et Courtrai furent pris en 1667, et Dôle en 1668.
7) François Eudes de Mézerai ou Mézeray (1610—1683). Bien que le style de cet écrivain ait conservé, dans notre époque littéraire la plus polie, quelque chose de la négligence gauloise, il n'a pas encore été surpassé comme historien de la monarchie française. Quelques pages de sa grande *Histoire de France* rappellent la manière des historiens de la Grèce et de Rome, et se distinguent par l'indépendance de la pensée. Il a souvent prêté aux personnages qu'il fait parler une vigueur qui était d'ailleurs un des traits de son caractère personnel. Historiographe du roi, il fut privé de sa pension par Colbert pour s'être exprimé trop vivement sur l'origine de quelques impôts.

Inventa du sonnet les rigoureuses lois;
Voulut qu'en deux quatrains de mesure pareille,   85
La rime avec deux sons frappât huit fois l'oreille,
Et qu'ensuite six vers artistement rangés
Fussent en deux tercets par le sens partagés.
Surtout de ce poème il bannit la licence:
Lui-même en mesura le nombre et la cadence,   90
Défendit qu'un vers foible y pût jamais entrer,
Ni qu'un mot déjà mis osât s'y remontrer [1]).
Du reste, il l'enrichit d'une beauté suprême:
Un sonnet sans défaut vaut seul un long poème.
Mais en vain mille auteurs y pensent arriver;   95
Et cet heureux phénix est encore à trouver [2]).
A peine dans Gombaud [3]), Maynard [4]) et Malleville [5])
En peut-on admirer deux ou trois entre mille.
Le reste, aussi peu lu que ceux de Pelletier [6]),
N'a fait de chez Sercy [7]) qu'un saut chez l'épicier.   100

---

1) Voilà pour la forme naturelle du sonnet. Quant à la forme artificielle, elle consiste dans l'arrangement et la qualité des rimes, comme Boileau l'a exprimé plus haut.

2) Dernièrement il parut chez Dentu à Paris un Volume de *Sonnets* par *Ed. Burdet* (1854). Cet auteur manie le sonnet avec une merveilleuse aisance; mais il aime les tours de force, et gâte ses meilleures pièces par quelque trait de mauvais goût ou par quelque ricanement forcé. En voici un extrait, qui renferme la recette de l'omelette au lard:

    Vous coupez fin votre lard,
    Vous le mettez dans du beurre
    Griller un demi quart d'heure,
    Blond et croquant au regard, etc.

Dans un autre se trouve l'éloge des figures de rhétorique avec leurs noms barbares:

    L'habile synecdoche indique un grand mérite;
    L'hyperbole me plaît, l'apostrophe a du bon;
    J'aime l'hypotypose et le dis sans façon,
    Tout en appréciant la litote hypocrite . . . etc.

Ce sont là des fantaisies puériles, et l'on pourrait employer mieux sa peine, surtout quand on a du talent.

3) J. Ogier de Gombaud, l'un des premiers membres de l'Académie française (1576—1666), fit des tragédies, des épigrammes et des pastorales. Boileau citait souvent le sonnet:

    Le grand Montmorency n'est plus qu'un peu de cendre. V. ch. IV, v. 48.

4) Maynard, membre de l'Académie française (1582—1646). Écho affaibli de Malherbe, il a laissé des Sonnets, des Épigrammes, des Odes et des Chansons. Son style est châtié, souvent nerveux, quelquefois élégant.

5) Claude de Malleville, sécrétaire des Suisses des Grisons, membre de l'Académie française (1597—1647). Le Sonnet pour la *Belle Matineuse* et qui commence par:

Le silence régnait sur la terre et sur l'onde, eut beaucoup de vogue. Voyez *Ménage, Dissertation sur les Sonnets pour la belle Matineuse*.

6) Auteur peu connu, parent du poète et mathématicien du même nom, mort en 1680.

7) Libraire du Palais.

Pour enfermer son sens dans la borne prescrite[1])
La mesure est toujours trop longue ou trop petite.

L'épigramme, plus libre, en son tour plus borné[2]),
N'est souvent qu'un bon mot de deux rimes orné[3]).
Jadis de nos auteurs les pointes ignorées   105
Furent de l'Italie en nos vers attirées:
Le vulgaire, ébloui de leur faux agrément,
A ce nouvel appât[4]) courut avidement.
La faveur du public excitant leur audace,
Leur nombre impétueux inonda le Parnasse.   110
Le madrigal d'abord en fut enveloppé;
Le sonnet orgueilleux lui-même en fut frappé;
La tragédie en fit ses plus chères délices[5]);
L'élégie en orna ses douloureux caprices;
Un héros sur la scène eut soin de s'en parer,   115
Et sans pointe un amant n'osa plus soupirer.
On vit tous les bergers, dans leurs plaintes nouvelles,
Fidèles à la pointe, encor plus qu'à leurs belles[6]);
Chaque mot eut toujours deux visages divers.
La prose la reçut aussi bien que les vers;

---

1) Ce mot a été employé au singulier par les meilleurs écrivains français, depuis Louis XIV. jusqu'à nos jours.

2) *Epigramme*, que Boileau fait ici du genre masculin, n'est plus aujourd'hui que du genre féminin. Plus bas, vers 138, Boileau dit lui-même *épigramme folle*.

3) Telle l'épigramme de Boileau:
                J'ai vu l'Agésilas:
                      Hélas !
Et ce vers de Virgile:
    Qui Bavium non odit, amet tua carmina Maevi. Eglog. III, 98.
où il immole deux poètes à la fois.

4) Principalement la *Sylvie* de Mairet. Il tendit une main à l'Italie, et l'autre à l'Espagne: sa *Sophonisbe*, empruntée à Trissin, semble avoir été retouchée par Marino ou par Gongora, son *Duc d'Osone*, tiré de Cristoval de Silva, a encore toute sa physionomie castillane.

5) Les éditions de Didot ont „appas" qui est employé au pluriel par Molière et Bossuet, dans le sens de *appât*. Le singulier que le poète semble avoir employé, est fautif.

6) La poésie bucolique et ces peintures de la vie champêtre exercèrent en tout temps une séduction singulière sur les peuples blasés et dans les époques de crises sociales. Les fictions qui avaient plu au Bas-Empire dans les romans d'Achilles Tatius, d'Héliodore, de Longus, revêtues du charme de la poésie par Sannazar, le Tasse et Guarini, n'eurent pas moins de charme pour les contemporains de Borgia et de Machiavel. Les pastorales se mêlèrent en France aux horreurs de la guerre civile, comme plus tard aux raffinements du grand siècle et aux années orageuses voisines de la terreur. Ce goût de la poésie bucolique avait succédé à celui des romans chevaleresques: Les Tircis, les Sylvies supplantèrent les Amadis et les Lancelot. Mais l'influence de l'Italie s'y fit trop sentir. *L'Arcadie*, *l'Aminte* et le *Pastor fido* furent les trois ouvrages qui donnèrent le ton à ce genre de littérature. Toutes les subtilités, tous les lieux communs de morale relâchée qui s'y rencontrent, passèrent des pastorales italiennes dans les pastorales françaises. Les Français prirent aux Italiens plutôt les défauts que les beautés d'un genre qui, parti de Théocrite, aboutit chez eux à Fontenelle et à Florian.

L'avocat au palais en hérissa son style[1]),
Et le docteur en chaire en sema l'Évangile[2]).

La raison outragée enfin ouvrit les yeux,
La chassa pour jamais des discours sérieux;
Et, dans tous ces écrits la déclarant infame, 125
Par grâce lui laissa l'entrée en l'épigramme,
Pourvu que sa finesse, éclatant à propos,
Roulât sur la pensée, et non pas sur les mots.
Ainsi de toutes parts les désordres cessèrent.
Toutefois, à la cour les Turlupins[3]) restèrent, 130
Insipides plaisants, bouffons infortunés,
D'un jeu de mots grossier partisans surannés.
Ce n'est pas quelquefois qu'une muse un peu fine
Sur un mot, en passant, ne joue et ne badine,
Et d'un sens détourné n'abuse avec succès; 135
Mais fuyez sur ce point un ridicule excès,
Et n'allez pas toujours d'une pointe frivole
Aiguiser par la queue une épigramme folle.

Tout poème est brillant de sa propre beauté.
Le rondeau, né gaulois, a la naïveté; 140
La ballade, asservie à ses vieilles maximes,
Souvent doit tout son lustre au caprice des rimes.
Le madrigal, plus simple, et plus noble en son tour,
Respire la douceur, la tendresse et l'amour.

---

1) Pendant le siècle de Louis XIV, on ne vit fleurir que deux genres d'éloquence: l'éloquence du barreau et l'éloquence de la chaire. Les troubles de la Fronde ouvrirent dans le parlement de Paris une vaste carrière à l'éloquence de la tribune, mais il ne se trouva personne pour s'élever par la parole à la hauteur de la mission que les magistrats pouvaient alors remplir. L'éloquence du barreau fut longue à se débarrasser de tout cet étalage intempestif d'érudition dont on avait pris l'habitude de la surcharger. Antoine Lemaître, qui est resté célèbre par son savoir comme jurisconsulte, n'a pas eu lui-même le bon esprit de rompre avec toutes les traditions de ses devanciers et de se dépouiller de ce pédantisme affecté qui était alors le goût de l'école. Voyez: *Berryer, Leçons et Modèles d'Eloquence judiciaire*, Paris, 1838.

2) Au commencement du grand siècle de la littérature française, l'éloquence de la chaire ne s'était point encore dépouillée de tous les défauts qui la défiguraient dans les siècles précédents. Les prédicateurs mêlaient toujours à leurs sermons les anecdotes les plus puériles et les plus bizarres. Mascaron (évêque d'Agen, 1634—1703), jeune encore, citait Lucain, Lucrèce, Virgile, et écrivait à Mademoiselle de Scudéry qu'il comptait faire usage de ses romans et les citer en compagnie des Pères de l'Eglise; mais ayant profité des exemples de Bossuet et de Fléchier, il s'amenda et changea de manière. On trouve dans ses derniers discours d'heureux mouvements et des pages bien écrites.

3) Turlupin, comédien de Paris. Il divertissait le peuple par de méchantes pointes et des jeux de mots qu'on a appelés *turlupinades*. Ses imitateurs ont été nommés *turlupins*. Molière les détrôna par ses sanglantes railleries. Le marquis de *la Critique de l'Ecole des Femmes* est un de ces turlupins.

L'ardeur de se montrer, et non pas de médire, 145
Arma la vérité du vers de la satire.
Lucile le premier¹) osa la faire voir,
Aux vices des Romains présenta le miroir,
Vengea l'humble vertu de la richesse altière,
Et l'honnête homme à pied du faquin en litière. 150
Horace à cette aigreur²) mêla son enjouement;
On ne fut plus ni fat ni sot impunément;
Et malheur à tout nom qui, propre à la censure,
Put entrer dans un vers sans rompre la mesure!
Perse, en ses vers obscurs, mais serrés et pressants, 155
Affecta d'enfermer moins de mots que de sens³).

Juvénal, élevé dans les cris de l'école,
Poussa jusqu'à l'excès sa mordante hyperbole.
Ses ouvrages, tout pleins d'affreuses vérités,
Étincellent pourtant de sublimes beautés: 160
Soit que, sur un écrit arrivé de Caprée,
Il brise de Séjan la statue adorée⁴);
Soit qu'il fasse au conseil courir les sénateurs,
D'un tyran soupçonneux pâles adulateurs⁵);

---

1) Caïus Lucilius, chevalier romain, le plus ancien des poètes satiriques latins (149—103 avant J.-C.). Il avait écrit 30 satires d'un style dur et grossier, mais énergique. Nous n'en possédons que des fragments, réunis par Douza, 1597.

Les Grecs composèrent des ouvrages satiriques, mais ne leur donnèrent ni le caractère ni le tour de la satire latine. C'est pourquoi Quintilien X, 1. 93 a dit: *satira tota nostra est*, et Diomède le grammairien: *Satira est carmen, apud Romanos, non quidem apud Graecos, maledicum*.

Horace dit de Lucilius:
Est Lucilius ausus
Primus in hunc operis componere carmina morem,
Detrahere et pellem, nitidus qua quisque per ora
Cederet, introrsum turpis. Sat. II. 1. v. 62.

2) *Omne vafer vitium ridenti Flaccus amico*
Tangit, et admissus circum praecordia ludit,
Callidus, excusso populum suspendere naso. Pers. Sat. 1. v. 116.

3) On a souvent demandé si ces deux vers sur Perse étaient un éloge ou une critique.

4) *Ardet adoratum populo caput.* Juv. Sat. X. v. 60.

5) *Quum jam semianimum laceraret Flavius orbem*
Ultimus, et calvo serviret Roma Neroni,
Incidit Adriaci spatium admirabile rhombi. Juv. Sat. IV. v. 36.
Vocantur
Ergo in concilium proceres, quos oderat ille;
In quorum facie miserae magnaeque sedebat
Pallor amicitiae. Ibid. v. 71.

Berchoux a imité d'une manière fort heureuse le tour piquant et original du poète latin:

Ou que, poussant à bout la luxure latine, 165
Aux portefaix de Rome il vende Messaline[1]):
Ses écrits pleins de feu[2]) partout brillent aux yeux[3]).

De ces maîtres savants disciple ingénieux,
Regnier, seul[4]) parmi nous formé sur leurs modèles,
Dans son vieux style encore a des grâces nouvelles. 170

    Domitien un jour se présente au sénat:
    „Pères conscrits, dit-il, une affaire d'Etat
    M'appelle auprès de vous. Je ne viens point vous dire
    Qu'il s'agit de veiller au salut de l'Empire,
    Exciter votre zèle, et prendre vos avis
    Sur le destin de Rome et des peuples conquis;
    Agiter avec vous ou la paix ou la guerre,
    Vains projets sur lesquels vous n'avez qu'à vous taire.
    Il s'agit d'un turbot. Veuillez délibérer
    A quelle sauce on doit le préparer."
    Le sénat discuta cette affaire importante,
    Et le turbot fut mis à la sauce piquante. (La Gastronomie).

1) Juven. Sat. VI. 115—132. v. Tacit. Annal. 11.

2) Certes la Rome de Domitien ne méritait pas moins que le fouet de Juvénal, qui n'eût pu éclater en moindres invectives au spectacle de ses désordres. Cette corruption qui se glorifiait dans ses excès, se parait de ses ulcères, dédaigna de se voiler d'hypocrisie, pour ne pas rendre un dernier hommage à la vertu. Rome, la maîtresse du monde, reniant son passé, renonçant à son avenir, Rome avec ses esclaves, ses rhéteurs, ses captateurs de testament, sa jeunesse impie, railleuse et déjà blasée, ses vieillards épuisés arrachant à des corps débiles quelques libations à l'amour, quelques faux-semblants de plaisirs, son peuple recevant sous le nom de *sportule*, le prix de sa liberté et des plus basses complaisances, ses patriciens, plus vils, plus lâches que leurs clients, dévorant dans la peur et le cloaque fangeux de l'ignominie, les dépouilles des provinces; et au sommet de cette pyramide de boue, un despote stupide, ombrageusement susceptible, se délassant de ses crimes par l'étude à pis faire, se défiant à pis faire, et parfois attendant plus d'une année son coup de stylet; Rome, ainsi faite, montra ce qu'est un peuple, quand il essaye à se passer de Dieu, et comment l'humanité s'abrutit quand elle se divinise.

3) Comparez les vers 145—167 avec *l'Essai sur la Satire* de M. J. Chénier (*Les Satiriques des XVIII et XIX Siècles. Première Série, Paris, Langlois, 1840*).

4) La satire, comme la comédie, la chanson, le pamphlet, l'épigramme, comme toute pièce qui sera l'expression ingénue et sincère de nos sentiments, est si conforme au caractère de la nation française, caractère essentiellement mordant et railleur; est si bien dans le génie de sa langue, qu'on trouve à toutes les époques de nombreux ouvrages en ce genre, parmi lesquels brille plus d'un chef-d'oeuvre de verve et d'esprit. Dès le moyen-âge, elle respire dans les fabliaux et les romans, dans les soties et les farces, dans les chansons et les épigrammes, se mêlant à tout, prenant tous les tons, légère ou bouffonne, délicate ou grossière. Marot tenta de la circonscrire dans le cercle du *coq-à-l'âne*. Mais l'école de Rousard renversa cette création fragile pour y substituer le plan tout tracé de la satire des Latins. *Le Poète Courtisan* par du Bellay, et le *Courtisan retiré* de Jean de la Taille, sont deux excellentes satires, quoiqu'elles ne portent pas ce titre. Cependant il faut aller jusqu'à Vauquelin de La Fresnaye

Heureux si ses discours, craints du chaste lecteur,
Ne se sentoient des lieux où¹) fréquentait l'auteur,
Et si, du son hardi de ses rimes cyniques,
Il n'alarmoit souvent les oreilles pudiques !

Le latin, dans les mots, brave l'honnêteté ;   175
Mais le lecteur françois veut être respecté :
Du moindre sens impur la liberté l'outrage,
Si la pudeur des mots n'en adoucit l'image.
Je veux dans la satire un esprit de candeur,
Et fuis un effronté qui prêche la pudeur.   180

D'un trait de ce poëme, en bons mots si fertile,
Le François, né malin, forma le vaudeville²);

---

pour trouver des essais suivis en ce genre de poëme. Puis nous arrivons à la *Satire Ménippée*, incomparable pamphlet, monument vraiment littéraire, véritable comédie de moeurs, et aux *Tragiques* de Théodore Agrippa d'Aubigné, l'Annibal du protestantisme français et l'aïeul de Me. de Maintenon. Dans cette prodigieuse satire, se heurtent tous les tons, se mêlent toutes les formes: l'épopée, l'hymne biblique, l'idylle même ; c'est comme un mélange du génie des prophètes et du génie de Juvénal.

Le véritable auteur de la satire régulière en France, fut Mathurin Regnier, neveu et disciple de Desportes. Né à Chartres en 1573, il mourut en 1613. Comme écrivain, Regnier imita les anciens et resta original, parce qu'il ne leur emprunta rien qu'il ne rajeunît et ne transformât. On l'a comparé à Montaigne, et il est en effet le Montaigne de la poésie française. Lui aussi n'ayant pas l'air d'y songer s'est créé une langue propre, toute de sens et de génie, qui, sans règle fine, sans évocation savante, sort comme de terre à chaque pas nouveau de la pensée, et se tient debout, soutenue d'un seul souffle qui l'anime. Les mouvements de cette langue inspirée n'ont rien de solennel ni de réfléchi: dans leur irrégularité naturelle, dans leur brusquerie piquante, ils ressemblent aux éclats de la voix, aux gestes rapides d'un homme franc et passionné qui s'échauffe en causant. Les images du discours étincellent de couleurs plus vives que fines, plus saillantes que nuancées; elles se pressent, se heurtent entre elles. L'auteur peint toujours, et quelquefois, faute de mieux, il peint avec de la lie et de la boue. D'une trivialité souvent heureuse, il emprunte au peuple ses proverbes pour en faire de la poésie et lui renvoie en échange ces vers nés proverbes, médailles de bon aloi, où se reconnaît encore après deux siècles l'empreinte de celui qui les a frappées.

Quoique plus jeune que Malherbe, Regnier mourut longtemps avant lui, sans laisser d'école ni de postérité digne de son haut talent.

1) On dirait aujourd'hui *que fréquentait l'auteur.*
Ce vers a rapport à la Satire XI. de Regnier, où il décrit un sérail de prêtresses de Priape. Boileau avait mis d'abord:
   Heureux ! si moins hardi, dans ses vers pleins de sel
   Il n'avoit point traîné les Muses au b . . . . . ;
mais Arnauld lui fit changer ces deux vers, parce qu'il y faisait la même faute qu'il reproche à Regnier. Quintilien dit d'un poète comique de son temps: *Togatis excellit Afranius: utinamque non inquinasset argumenta puerorum foedis amoribus, mores suos fassus.* Inst. Lib. X. 1.

2) Du Val de Vire, en Basse-Normandie. Olivier Basselin, poète français, qui vivait vers le milieu du XVe siècle, est regardé comme l'inventeur de la chanson, telle

Agréable indiscret, qui, conduit par le chant,
Passe de bouche en bouche et s'accroît en marchant¹).
La liberté françoise en ses vers se déploie: 185
Cet enfant du plaisir veut naître dans la joie.
Toutefois n'allez pas, goguenard dangereux²),
Faire Dieu le sujet d'un badinage affreux:
A la fin, tous ces jeux que l'athéisme élève
Conduisent tristement le plaisant à la Grève³).   190
Il faut, même en chansons, du bon sens et de l'art.
Mais pourtant on a vu le vin et le hasard⁴)
Inspirer quelquefois une muse grossière,
Et fournir, sans génie, un couplet à Linière⁵).
Mais pour un vain bonheur qui vous a fait rimer,   195
Gardez qu'un sot orgueil ne vous vienne enfumer.
Souvent l'auteur altier de quelque chansonnette
Au même instant prend droit de se croire poète:
Il ne dormira plus qu'il n'ait fait un sonnet;
Il met tous les matins six impromptus au net.   200

que nous l'entendons aujourd'hui. Il possédait et exploitait un moulin à foulon dans le Val-de-Vire, et ses chansons furent appelées *Vaux-de-Vire*, du nom de cette résidence. Corrompu, l'on en fit *vaudeville*, et ce terme désigne aujourd'hui une petite comédie dans laquelle le dialogue est entremêlé de *vaudevilles*, c'est-à-dire de petites chansons faites sur des airs connus, auxquelles on passe les négligences, pourvu qu'on puisse les chanter et qu'elles aient du naturel et de la saillie.

1) *Mobilitate viget viresque acquirit eundo.* Virg. Aen. IV. v. 175.

2) Ce mot vient de Pierre Goguenard, échevin de Paris au XIII. siècle et renommé pour ses farces et ses saillies. —

3) Quelques années avant que Boileau eût publié ce poème, un jeune homme de bonne famille, nommé *Petit*, fut surpris faisant imprimer des chansons obscènes qu'il avait composées. On lui fit son procès, et il fut condamné à être pendu et brûlé, malgré les puissantes sollicitations qu'on fit agir en sa faveur. On était plus sévère alors, et la mort de Vanini, égorgé par le fanatisme méridional des juges Toulousains en est une autre sanglante preuve. Aujourd'hui on embastille, on exile, on emprisonne bien encore des auteurs; on confisque leurs livres, les brûlerait peut-être par la main du bourreau, si l'on ne craignait pas le ridicule, mais personne du moins n'aurait la langue arrachée avant d'être brûlé sur une place publique. —

4) Plus d'un poète français a puisé ses inspirations au fond de la bouteille. Chapelle buvait pour augmenter son enjouement, pour allumer sa verve, et Alfrède de Musset boit encore, mais du pire, lorsqu'il veut écrire quelque proverbe ou faire un poème. Voy. *E. de Mirecourt, les Contemporains: Alfrède de Musset;* Paris 1854.

5) Linière (1628—1704) exerça son petit talent de rimeur contre Boileau lui-même, qui lui répondit par ce couplet:

    Linière apporte de Senlis
    Tous les mois trois couplets impies:
    A quiconque en veut dans Paris
    Il en présente des copies;
    Mais ces couplets, tout pleins d'ennui,
    Seront brûlés, même avant lui.

Linière avait entrepris une critique abominable du Nouveau Testament, voilà pourquoi on lui a donné le surnom de „l'Athée de Senlis".

Encore est-ce un miracle, en ses vagues furies,
Si bientôt, imprimant ses sottes rêveries,
Il ne se fait graver au-devant du recueil,
Couronné de lauriers par la main de Nanteuil [1]).

---
1) **Fameux graveur de portraits, mort en 1678.**
Boileau voulait d'abord finir ce chant par les deux vers suivants:

    Et dans l'Académie, orné d'un nouveau lustre,
    Il fournira bientôt un quarantième Illustre.

Mais il les supprima, pour ne pas déplaire à l'Aréopage de la langue française.

CHANT TROISIÈME.

Les règles de la tragédie, de la comédie et du poème épique sont développées dans ce chant, le plus beau de tous, tant par la grandeur du sujet, que par la manière brillante dont Boileau l'a traité.

    Il n'est point de serpent, ni de monstre odieux,
Qui, par l'art imité, ne puisse plaire aux yeux [1]) ;
D'un pinceau délicat l'artifice agréable
Du plus affreux objet fait un objet aimable.
Ainsi, pour nous charmer, la tragédie en pleurs   5
D'Oedipe [2]) tout sanglant fit parler les douleurs,
D'Oreste [3]) parricide exprima les alarmes,
Et, pour nous divertir, nous arracha des larmes.

    Vous donc qui, d'un beau feu pour le théâtre épris,
Venez en vers pompeux y disputer le prix,   10
Voulez-vous sur la scène étaler des ouvrages
Où tout Paris en foule apporte ses suffrages,
Et qui, toujours plus beaux, plus ils sont regardés,
Soient au bout de vingt ans encor redemandés [4])?
Que dans tous vos discours la passion émue   15
Aille chercher le coeur, l'échauffe et le remue [5]).

---

    1) Cette comparaison est empruntée d'Aristote. Voyez *Poétique* d'Aristote, ch. 4. et *Rhétorique*, l. I. ch. 11.
    2) Tragédies de Sophocle. Voltaire en a laissé une sur le même sujet. Il n'avait que seize ans lorsqu'il la commença; il la termina en prison. Elle parut en 1718 et obtint le plus grand succès. Cette tragédie fut représentée quarante-cinq fois de suite!
    3) Sujet de tragédie traité par Eschyle, Euripide et Sophocle.
    4) *Fabula, quae posci vult et spectata reponi.* Hor. Ars p. v. 190.
    5)   *Meum qui pectus inaniter angit,*
        Irritat, mulcet, falsis terroribus implet. Hor. Epist. II. 1. v. 211.

Si d'un beau mouvement l'agréable fureur
Souvent ne nous remplit d'une douce terreur,
Ou n'excite en notre âme une pitié charmante,
En vain vous étalez une scène savante: 20
Vos froids raisonnements ne feront qu'attiédir
Un spectateur toujours paresseux d'applaudir,
Et qui, des vains efforts de votre rhétorique
Justement fatigué, s'endort ou vous critique.
Le secret est d'abord de plaire et de toucher: 25
Inventez des ressorts qui puissent m'attacher.

Que dès les premiers vers l'action préparée
Sans peine du sujet aplanisse l'entrée.
Je me ris d'un auteur[1]) qui, lent à s'exprimer,
De ce qu'il veut d'abord ne sait pas m'informer: 30
Et qui, débrouillant mal une pénible intrigue,
D'un divertissement me fait une fatigue.
J'aimerois mieux encor qu'il déclinât son nom[2]),
Et dit: Je suis Oreste, ou bien Agamemnon,
Que d'aller, par un tas de confuses merveilles, 35
Sans rien dire à l'esprit, étourdir les oreilles.
Le sujet n'est jamais assez tôt expliqué.

Que le lieu de la scène y soit fixe et marqué.
Un rimeur, sans péril, delà les[3]) Pyrénées,
Sur la scène en un jour renferme des années: 40
Là souvent le héros d'un spectacle grossier,
Enfant au premier acte, est barbon au dernier.

---

1) Boileau fait allusion à Corneille qui commence son *Cinna* par les vers suivants:
   Impatients désirs d'une illustre vengeance,
   Dont la mort de mon père a formé la naissance,
   Enfants impétueux de mon ressentiment,
   Que ma douleur séduite embrasse aveuglément:
   Vous prenez sur mon âme un trop puissant empire, etc.
C'est ce que notre poëte appelle *un tas de confuses merveilles* (v. 35): *Nugaeque canorae*. Hor. Ars p. v. 322.

2) Il y a de pareils exemples dans Euripide.

3) Lopez de Véga, poëte espagnol, qui a composé un très grand nombre de poésies. Dans une de ses pièces, il représente l'histoire de *Valentin* et *Orson*, qui naissent au premier acte, et sont fort âgés au dernier.
   A l'avènement de Lopez, le théâtre espagnol était encore à l'état d'enfance. Cet auteur fut le premier qui lui donna une mission en réfléchant sur la scène les moeurs et les usages de la société. Ce qui révèle son génie, c'est l'art avec lequel il manie le dialogue, et l'énergie avec laquelle il peint tous ses caractères. On retrouve dans ses pièces le monde au milieu duquel il a vécu; il a su le reproduire avec ses sentiments, ses idées et son langage. Mais comme il écrivait avec une excessive rapidité, ses plans n'ont rien de régulier, les scènes se succèdent presque au hasard et son style est peu châtié.

Mais nous, que la raison à ses règles engage,
Nous voulons qu'avec art l'action se ménage;
Qu'en un lieu, qu'en un jour, un seul fait accompli   45
Tienne jusqu'à la fin le théâtre rempli[1]).

Jamais au spectateur n'offrez rien d'incroyable[2]):
Le vrai peut quelquefois n'être pas vraisemblable.
Une merveille absurde est pour moi sans appas:
L'esprit n'est point ému de ce qu'il ne croit pas.   50
Ce qu'on ne doit point voir[3]), qu'un récit nous l'expose:
Les yeux en le voyant saisiroient mieux la chose;
Mais il est des objets que l'art judicieux
Doit offrir à l'oreille et reculer des yeux.

Que le trouble, toujours croissant de scène en scène,   55
A son comble arrivé, se débrouille sans peine.
L'esprit ne se sent point plus vivement frappé
Que lorsqu'en un sujet d'intrigue enveloppé
D'un secret tout à coup la vérité connue
Change tout, donne à tout une face imprévue[4]).   60

La tragédie, informe et grossière en naissant[5]),
N'étoit qu'un simple chœur où chacun, en dansant
Et du dieu des raisins entonnant les louanges,
S'efforçoit d'attirer de fertiles vendanges.
Là, le vin et la joie éveillant les esprits,   65
Du plus habile chantre un bouc étoit le prix[6]).

---

1) Ce vers comprend les trois unités de lieu, de temps et d'action, et le complément de l'action. Aristote, avant Boileau, avait donné le même précepte, chap. 8. de sa Poétique.

2) *Ficta voluptatis causa sint proxima veris;*
Ne quodcumque volet poscat sibi fabula credi. Hor. Ars p. v. 338.

3) *Segnius irritant animos demissa per aurem*
Quam quae sunt oculis subjecta fidelibus et quae
Ipse sibi tradit spectator; non tamen intus
Digna geri promes in scenam, multaque tolles
Ex oculis quae mox narret facundia praesens,
Ne pueros coram populo Medea trucidet, etc. Hor. Ars p. v. 180.

4) C'est ce qu'on appelle la *péripétie, περιπέτεια*.

5) Ce que Boileau dit ici de la naissance et du progrès de la tragédie est tiré d'Aristote et d'Horace, dans leurs Poétiques et de Diogène Laërce, *Vie de Solon.*

6) *Carmine qui tragico vilem certavit ob hircum.* Hor. Ars p. v. 220.
Dans l'origine le culte de Bacchus fut homicide: les *agrionies*, anciennes fêtes de ce dieu, ont laissé de nombreux souvenirs de fureurs sanguinaires; les emportements des Bacchantes de la Béotie et de la Thrace sont surtout célèbres. Plus tard, lorsque les grands civilisateurs de la Grèce eurent réformé et adouci les mœurs, ces pratiques devinrent commémoratives. Dans les mystères de Bacchus (Omophagie et Oréonomie), on substitua l'immolation des animaux à celle des hommes, et les chœurs de canni-

Thespis fut le premier qui, barbouillé de lie,
Promena¹) par les bourgs²) cette heureuse folie,
Et, d'acteurs mal ornés chargeant un tombereau,
Amusa les passants d'un spectacle nouveau.   70

Eschyle dans le choeur jeta les personnages³),
D'un masque plus honnête habilla les visages,
Sur les ais d'un théâtre en public exhaussé
Fit paraître l'acteur d'un brodequin chaussé.

Sophocle enfin, donnant l'essor à son génie,   75
Accrut encor la pompe, augmenta l'harmonie,
Intéressa le choeur dans toute l'action,
Des vers trop raboteux polit l'expression,
Lui donna chez les Grecs cette hauteur divine
Où jamais n'atteignit la foiblesse latine⁴).   80

Chez nos dévots aïeux le théâtre abhorré
Fut longtemps dans la France un plaisir ignoré⁵).

---

bales se changèrent en rondes mystiques et symboliques. Mais tandis que le culte des autres dieux s'humanisa totalement, celui de Bacchus, venu le dernier d'Orient, conserva toujours quelque chose de sa violence primitive, comme le chant des Bacchantes aux bacchanales et le dithyrambe, accompagnés de danses circulaires, qui demandaient une sorte d'ivresse pour la composition ou pour l'exécution. De ces choeurs dithyrambiques, participant à la fois de la danse sérieuse et de la danse comique, sortit une poésie terrible et nouvelle où le sang doit couler et qui n'admet que terreur et pitié: la tragédie.

1) *Ignotum tragicae genus inveniss Camenae*
   Dicitur et plaustris vexisse poemata Thespis,
   Quae canerent agerentque peruncti faecibus ora. Hor. Ars p. v. 275.
2) De l'Attique.
3) *Post hunc personae pallaeque repertor honestae*
   Aeschylus et modicis instravit pulpita tignis
   Et docuit magnumque loqui, nitique cothurno. Hor. Ars p. v. 278.

L'art dramatique demeura dans l'enfance sous Thespis, Phrynichus et Chérille, précurseurs d'Eschyle (586—456 av. J, C.), qui donna au poëme dramatique sa véritable forme et mit sous les yeux du spectateur tous les détails des lieux et de l'action. Eschyle est aussi inculte dans son style que sublime dans ses idées; très-sobre d'incidents, il n'en cause pas moins une impression profonde. Il fait abus des métaphores, exagère les images; il est plus grave que correct, plus élevé que beau. On voit que sa tragédie est encore trop voisine du dithyrambe pour avoir rencontré partout le style qui convient au genre dramatique. Les progrès du goût et la venue d'un nouveau poète, Sophocle, uniront l'art au sentiment naturel et atteindront la perfection dans l'art dramatique. Sophocle assimila la tragédie à la suavité de son propre caractère et aux nouvelles habitudes aimables et polies des contemporains de Périclès. Il représenta des êtres réels et non imaginaires, ses intrigues furent mieux développées, son style plus doux. C'est Racine succédant à Corneille.

4) Quinctil. Inst. l. X. c. 1.
5) L'origine du théâtre français est obscure: la plupart des annalistes la font remonter au commencement du XVe siècle, vers 1402, époque où la féodalité se grou-

> De pèlerins, dit-on, une troupe grossière[1])
> En public à Paris y monta la première,
> Et, sottement zélée en sa simplicité,   85
> Joua les Saints, la Vierge et Dieu, par piété.

pait autour du trône de Charles VI. dont elle relevait; mais aujourd'hui que de savantes recherches ont dissipé les ténèbres, nous savons que ce n'est que de cette époque que date l'établissement d'un théâtre permanent à Paris; car bien antérieurement, le drame français, comme le drame ancien, comme le drame moderne, reçut ses premières inspirations du sacerdoce, qui le cultivait dans des vues déterminées, le développait avec calcul et suite, et eut le pouvoir et la force de l'élever à la hauteur d'un art.

Si pendant plusieurs siècles, l'Eglise chrétienne s'attaqua aux jeux du Cirque et du Théâtre, ce fut parce que ces représentations scéniques étaient souillées d'idolâtrie, de cruauté et d'obscénités; mais pendant qu'elle anathématisait les facéties des baladins, elle instituait des cérémonies figuratives, de nombreuses processions, et inventait des offices, véritables drames, solennités fortement empreintes de mimique, qui, admis dans les diurnaux et dans les rituels, firent pendant longtemps l'admiration des fidèles, et dont l'orthodoxie fut même reconnue par le pape Innocent III.

Jusqu'au XIIIe siècle le drame français est entièrement hiératique. Vers ce temps, les jeux scéniques, et même les masques, font irruption dans les couvents des religieuses; les obsèques des abbés et des abbesses se terminent par de petits drames funèbres, joués par les moines et les religieuses, rappelant ainsi les funérailles des anciens. Les vies des saints et des martyrs, divisées en scènes sous le nom de *Mystères*, sont représentées dans les monastères et chantées dans les carrefours. C'est à cette époque qu'il faut rapporter le *Mystère des Vierges sages et des Vierges folles*, l'un des plus anciens qui nous soient parvenus. Les danses les plus vives, sortes de *sauteuses*, se mêlent à ces drames; commencées dans le choeur, elles se prolongent dans la nef et se terminent dans les cimetières. Dans ces danses, se retrouve l'idée-mère de la fameuse *Danse macabre*.

Suivant l'abbé de la Rue et Châteaubriand, le premier drame écrit en langue d'oïl serait le *Mystère de Sainte-Catherine*; mais ce Mystère étant perdu, il est de toute impossibilité de déterminer si réellement il fut composé dans cette langue. Tous les Mystères qui nous sont parvenus et dont les derniers datent de la première moitié du XIIIe siècle, sont des Mystères latins; cependant des découvertes nouvelles nous ont fait connaître un drame, une tragédie ou comédie (comme on voudra l'appeler), qui date évidemment de l'année 1620 et doit avoir été écrit quelque temps après la première croisade de Saint-Louis: il est intitulé *li ius de S. Nicholai* (jeu de S. Nicolas), et porte le nom de Jean Bodiaus ou Bodel d'Arras. C'est donc Bodel qui s'est assuré la gloire d'avoir élevé le premier monument dramatique dont puisse s'honorer la littérature française.

1) Boileau veut parler des confréries de la Passion. Mais avant ces pieuses associations laïques, d'autres associations avaient accompli une oeuvre de même nature. Vers le XIIIe siècle, l'art dramatique passa des mains des prêtres dans celles des communautés laïques. Ces associations parcouraient les provinces et récitaient des pièces en langue vulgaire, mêlées de prose et de vers, traitant des sujets romanesques ou religieux. Tel est le jeu *d'Aucassin et Nicolette* qui n'est point postérieur à 1250.

Il est difficile de préciser quand s'est vue pour la première fois en France la représentation d'une pièce en langue vulgaire, cette action matérielle et morale d'un drame joué devant une foule qui comprend et s'émeut. Le *Jeu de Saint-Nicolas* passe pour le plus ancien drame français; les vers du prologue nous disent qu'il fut représenté la veille de la fête du saint:

> *Signur che truvons en la vie*
> *Del saint dont anuit* (aujourd'hui) *est la veille.*

Il a été composé vers 1260; la Saint-Nicolas se célèbre le 6. décembre; ce serait donc le 5 du même mois que ce drame aurait pu être joué.

Le savoir, à la fin, dissipant l'ignorance,
Fit voir de ce projet la dévote imprudence.
On chassa ces docteurs prêchant sans mission;
On vit renaître Hector, Andromaque, Ilion¹).   90
Seulement, les acteurs laissant le masque antique²),
Le violon tint lieu de choeur et de musique³).

 Bientôt l'amour, fertile en tendres sentiments,
S'empara du théâtre, ainsi que des romans.
De cette passion la sensible peinture   95
Est pour aller au coeur la route la plus sûre.
Peignez donc, j'y consens, les héros amoureux:
Mais ne m'en formez pas des bergers doucereux.
Qu'Achille aime autrement que Tircis et Philène;
N'allez pas d'un Cyrus nous faire un Artamène⁴);   100
Et que l'amour, souvent de remords combattu,
Paroisse une foiblesse et non une vertu.

 Des héros de romans fuyez les petitesses;
Toutefois aux grands coeurs donnez quelques foiblesses.
Achille déplairoit, moins bouillant et moins prompt⁵):   105
J'aime à lui voir verser des pleurs pour un affront⁶).
A ces petits défauts marqués dans sa peinture,
L'esprit avec plaisir reconnoît la nature.
Qu'il soit sur ce modèle en vos écrits tracé:
Qu'Agamemnon soit fier, superbe, intéressé;   110

---

1) Le retour violent du XVIe siècle vers le passé ne pouvait manquer d'entraîner le théâtre. Les *Mystères* et les *Moralités* disparurent de la scène. Jodelle entreprit le premier de s'élever contre ces spectacles grossiers accrédités par une longue habitude. Ronsard était l'Homère et le Pindare de la Pléiade: du Bellay en était l'Ovide. Jodelle voulut en être le Sophocle et le Ménandre. Il commença par donner une tragédie d'après le système d'Aristote et intitulée *Cléopâtre captive*. Cette tragédie n'est pas bonne: le style en est à la fois vulgaire et emphatique, et le langage négligé même pour le temps (1552); mais on y trouve ça et là des morceaux énergiques, et surtout la progression de l'intérêt dramatique, chose jusqu'alors inconnue en France.

2) Boileau veut dire que lorsqu'on représenta sur le théâtre français des sujets empruntés aux tragédies anciennes, on n'adopta point l'usage reçu parmi eux de donner des masques aux acteurs.

3) Esther et Athalie, tragédies de Racine, prouvent combien on a perdu en supprimant les choeurs et la musique.

4) *Artamène* ou *le Grand Cyrus*, roman de Mademoiselle de Scudéry. Artamène est un nom supposé que le roman prête à Cyrus, dans les voyages qu'on lui fait entreprendre. Le caractère de ce prince n'est pas mieux conservé que son nom.

5)   *Honoratum si forte reponis Achillem,*
Impiger, iracundus, inexorabilis, acer
Jura neget sibi nata, nihil non arroget armis. Hor. Ars p. v. 120.

6) Iliade, l. 1.

Que pour ses dieux Énée ait un respect austère.
Conservez à chacun son propre caractère.
Des siècles, des pays, étudiez les moeurs:
Les climats font souvent les diverses humeurs.

Gardez donc de donner, ainsi que dans Clélie¹), 115
L'air ni l'esprit françois à l'antique Italie;
Et, sous des noms romains faisant notre portrait,
Peindre Caton galant²) et Brutus dameret³).
Dans un roman frivole aisément tout s'excuse;
C'est assez qu'en courant la fiction amuse; 120
Trop de rigueur alors seroit hors de saison:
Mais la scène demande une exacte raison;
L'étroite bienséance y veut être gardée.

D'un nouveau personnage inventez-vous l'idée⁴)?
Qu'en tout avec soi-même il se montre d'accord, 125
Et qu'il soit jusqu'au bout tel qu'on l'a vu d'abord.

Souvent, sans y penser, un écrivain qui s'aime
Forme tous ses héros semblables à soi-même.
Tout a l'humeur gasconne en un auteur gascon:
Calprenède et Juba parlent du même ton⁵). 130

La nature est en nous plus diverse et plus sage⁶);
Chaque passion parle un différent langage:

---

1) Autre roman de mademoiselle de Scudéry.

2) Caton, surnommé le Censeur. Le discours qu'il fit pour maintenir la loi Oppia, contre la parure des femmes, prouve qu'il n'était rien moins que galant. (Voyez Tite-Live, l. 34. c. 3 et Plut. Cat. vit. c. 32.)

3) Junius Brutus, qui chassa de Rome les Tarquins. Tous les historiens le dépeignent comme un homme qui „avoit les moeurs austères de notre nature et non adoucies par la raison" suivant le langage d'Amyot. Il portait si loin sa farouche vertu, que ses enfants tombèrent les premiers sous la hache des lois, suivant la belle expression de Juvénal:
At illos verbera justis
Afficiunt poenis, et legum prima securis. Sat. VIII. v. 267.
Brutus appartient à l'époque mythique de l'Histoire romaine.

4) *Si quid inexpertum scenae committis et audes*
Personam formare novam, servetur ad imum,
Qualis ab incepto processerit et sibi constet. Hor. Ars p. v. 125.

5) Juba, fils d'Hiempsal, roi de Numidie, vaincu par César, 50 ans av. J. C. Il est le héros du roman de *Cléopatre*, composé par La Calprenède, gentilhomme périgourdin, qui fit aussi plusieurs tragédies. Le cardinal de Richelieu s'en étant fait lire une, dit que la pièce était bonne, mais que les vers en étaient lâches. „Comment lâches? s'écria l'auteur. Cadédis, il n'y a rien de lâche dans la maison de la Calprenède."

6) *Format enim natura prius nos intus ad omnem*
Fortunarum habitum; juvat aut impellit ad iram,
Aut ad humum maerore gravi deducit et angit;
Post effert animi motus interprete lingua. Hor. Ars p. v. 108.

La colère est superbe, et veut des mots altiers;
L'abattement s'explique en des termes moins fiers¹).

Que devant Troie en flamme Hécube désolée   135
Ne vienne pas pousser une plainte ampoulée,
Ni sans raison décrire en quel affreux pays
Par sept bouches l'Euxin reçoit le Tanaïs²).
Tous ces pompeux amas d'expressions frivoles
Sont d'un déclamateur amoureux des paroles.   140
Il faut dans la douleur que vous vous abaissiez³):
Pour me tirer des pleurs, il faut que vous pleuriez⁴).
Ces grands mots dont alors l'acteur emplit sa bouche⁵)
Ne partent point d'un coeur que sa misère touche.

Le théâtre, fertile en censeurs pointilleux,   145
Chez nous pour se produire est un champ périlleux.
Un auteur n'y fait pas de faciles conquêtes;
Il trouve à le siffler des bouches toujours prêtes⁶):
Chacun le peut traiter de fat et d'ignorant;
C'est un droit qu'à la porte on achète en entrant⁷).   150
Il faut qu'en cent façons, pour plaire, il se replie;
Que tantôt il s'élève, et tantôt s'humilie;
Qu'en nobles sentiments il soit partout fécond;
Qu'il soit aisé, solide, agréable, profond;
Que de traits surprenants sans cesse il nous réveille;   155
Qu'il coure dans ses vers de merveille en merveille;
Et que tout ce qu'il dit, facile à retenir,
De son ouvrage en nous laisse un long souvenir.
Ainsi la tragédie agit, marche, et s'explique.

D'un air plus grand encor la poésie épique⁸),   160
Dans le vaste récit d'une longue action,

---

1) *Altiers* et *fiers* ne rimeraient plus à présent.
2) *Septena Tanaïn ora pandentem bibit.* Seneca, Troas, I, v. 9.
3) *Et tragicus plerumque dolet sermone pedestri.* Hor. Ars p. v. 95.
4)   *Si vis me flere, dolendum est*
   Primum ipsi tibi.   Hor. Ars p. v. 102.
Et Cicéron: .. *Neque ad misericordiam adducetur, nisi ei tu signa doloris tui verbis, sententiis, voce, vultu, collacrimatione denique ostenderis.* (De orat. II, 45. 190),
5) *Proicit ampullas et sesquipedalia verba.* Hor. Ars p. v. 97.
6)   *Male si mandata loqueris,*
   Aut dormitabo, aut ridebo.   Hor. Ars p. v. 104.
7) Vers passé en proverbe.
8) Un des préjugés les plus extraordinaires, c'est celui qui refuse aux Français le génie de l'épopée. C'est par l'épopée que se manifesta la naissance de l'esprit français. Les récits ou plutôt les chants héroïques dans toute leur naïveté originale, souvent

Se soutient par la fable, et vit de fiction.
Là pour nous enchanter tout est mis en usage;
Tout prend un corps, une âme, un esprit, un visage.
Chaque vertu devient une divinité: 165
Minerve est la prudence, et Vénus la beauté.
Ce n'est plus la vapeur qui produit le tonnerre,
C'est Jupiter armé pour effrayer la terre:
Un orage terrible, aux yeux des matelots,
C'est Neptune en courroux qui gourmande les flots: 170
Echo n'est plus un son qui dans l'air retentisse,
C'est une nymphe en pleurs qui se plaint de Narcisse.
Ainsi, dans cet amas de nobles fictions,
Le poëte s'égaye en mille inventions,
Orne, élève, embellit, agrandit toutes choses, 175
Et trouve sous sa main des fleurs toujours écloses.
Qu'Énée et ses vaisseaux, par le vent écartés[1],
Soient aux bords africains d'un orage[2] emportés;
Ce n'est qu'une aventure ordinaire et commune,
Qu'un coup peu surprenant des traits de la fortune: 180
Mais que Junon, constante en son aversion,
Poursuive sur les flots les restes d'Ilion;
Qu'Éole, en sa faveur, les chassant d'Italie,
Ouvre aux vents mutinés les prisons d'Éolie;
Que Neptune en courroux, s'élevant sur la mer, 185
D'un mot calme les flots[3], mette la paix dans l'air,
Délivre les vaisseaux, des Syrtes les arrache:
C'est là ce qui surprend, frappe, saisit, attache.

aussi dans toute leur grandeur, sont la gloire la plus brillante de l'ancienne poésie française. Loin que la France ait manqué d'épopées, elle en a inondé l'Europe: l'Italie, l'Angleterre, l'Allemagne se sont inspirées du souffle des trouvères, et les Français, comme des fils prodigues et ingrats, ont laissé dilapider l'héritage et la réputation de leurs pères.

La muse épique de la France au moyen-âge avait trois sujets favoris, les Français, les Bretons, les anciens. Charlemagne, Arthur et Alexandre sont les héros qu'elle a choisis et autour desquels sont venus se grouper, avec leurs bannières et leurs mille gonfanons divers, comme autour de leurs droits suzerains, tous les récits de l'épopée chevaleresque. Chacun d'eux devint le centre d'un cycle particulier.

Mais l'épopée du moyen-âge recélait dans son sein un germe qui devait l'étouffer. Les clercs, les lettrés se substituèrent peu à peu aux chanteurs qu'ils dépréciaient. A leur suite s'introduisirent l'érudition et le bel-esprit; la prédilection pour les sujets antiques était déjà un symptôme. Cette transformation qui semblait promettre au moyen âge la renaissance de l'antiquité, était sans doute, au point de vue des progrès de la civilisation, une heureuse nécessité. Elle n'en fut pas moins mortelle pour l'inspiration épique. Alors parut le *Roman de la Rose*, cette longue, savante et ennuyeuse allégorie de plus de vingt-deux mille vers, encadrée dans un songe. (Voyez Démogeot, Histoire de la Litt. fr. Paris, 1852.)

[1] Voyez l'Énéide de Virgile, I. v. 102—156.
[2] La grammaire exige *par* un orage.
[3] C'est le fameux *quos ego*.

Sans tous ces ornements le vers tombe en langueur,
La poésie est morte¹), ou rampe sans vigueur; 190
Le poète n'est plus qu'un orateur timide,
Qu'un froid*) historien d'une fable insipide. [*) var. foible.]

C'est donc bien vainement que nos auteurs déçus,
Bannissant de leurs vers ces ornements reçus,
Pensent faire agir Dieu, ses saints et ses prophètes, 195
Comme ces dieux éclos du cerveau des poètes,
Mettent à chaque pas le lecteur en enfer,
N'offrent rien qu'Astaroth, Belzébuth, Lucifer.
De la foi d'un chrétien les mystères terribles
D'ornements égayés ne sont point susceptibles. 200
L'Evangile à l'esprit n'offre de tous côtés
Que pénitence à faire et tourments mérités:
Et de vos fictions le mélange coupable
Même à ses vérités donne l'air de la fable²).

Et quel objet enfin à présenter aux yeux, 205
Que le diable toujours hurlant contre les cieux³),
Qui de votre héros veut rabaisser la gloire,
Et souvent avec Dieu balance la victoire!

Le Tasse, dira-t-on, l'a fait avec succès⁴).
Je ne veux point ici lui faire son procès: 210

---

1) Boileau avait en vue Desmarets de Saint-Sorlin. Dans le poème de *Clovis*, il fait produire tout le merveilleux par l'intervention des démons, des anges et de Dieu même, au lieu d'y employer le ministère des divinités fabuleuses ou allégoriques, d'après les anciens (Voyez: p. 6. n. 8.).

2) Malgré son jugement exquis, son bon sens littéraire, qui suppose un ensemble de qualités si précieuses dans l'écrivain et le critique, Boileau ne voit pas autre chose dans la doctrine sublime de l'Evangile, dans sa morale si pure, dans ses tendres images, dans ses paraboles si belles et si touchantes! Il semble ignorer toutes les ressources du merveilleux chrétien. Toute religion, par la nature même des choses, pousse une mythologie qui lui ressemble, et par cette raison la mythologie du christianisme est toujours chaste, toujours utile et souvent sublime, sans que, par un privilège particulier, il soit possible de la confondre avec la religion même. Si Boileau se fût élevé à ces considérations, il aurait reconnu les ressources de l'épopée chrétienne, et il n'aurait pas contribué à perpétuer en France le règne caduc et décrépit des divinités de l'Hellénie.

3) Nous voudrions ici pouvoir sacrifier la science de Boileau à l'honneur de son goût littéraire, et nous persuader qu'il n'avait jamais contemplé l'imposante figure du Satan de Milton, qu'il n'était jamais descendu dans l'Enfer du grand poète florentin.

4) Dans son poème de la *Jérusalem délivrée*. L'art antique en a tracé le plan; il a réglé la forme et les limites de cette épopée; mais l'inspiration religieuse et chevaleresque en anime et en vivifie tous les détails. Le Tasse a pris en France les modèles des Godefroi, des Tancrède, des Baudouin, des Renaud, types immortels de vertu chrétienne et chevaleresque. Si Boileau, répétant la critique de *l'Infari nato* a parlé „*du clinquant du Tasse*" (*secondo che s'aggiuglia anche l'orpello a l'oro*), si le père Bouhours lui a fait un crime „*d'être en mille endroits plus agréable qu'il ne faut*", c'est parce qu'ils le rendaient responsable des excès de l'école de Marini, qui avait outré quelques-uns de ses défauts, sans avoir son génie.

Mais, quoi que notre siècle à sa gloire publie,
Il n'eût point de son livre illustré l'Italie,
Si son sage héros, toujours en oraison,
N'eût fait que mettre enfin Satan à la raison: 215
Et si Renaud, Argant, Tancrède et sa maîtresse,
N'eussent de son sujet égayé la tristesse.

 Ce n'est pas que j'approuve, en un sujet chrétien,
Un auteur follement idolâtre et païen[1]):
Mais, dans une profane et riante peinture[2]),
De n'oser de la fable employer la figure; 220
De chasser les tritons de l'empire des eaux;
D'ôter à Pan sa flûte, aux Parques leurs ciseaux;
D'empêcher que Caron, dans la fatale barque,
Ainsi que le berger ne passe le monarque:
C'est d'un scrupule vain s'alarmer sottement, 225
Et vouloir aux lecteurs plaire sans agrément.
Bientôt ils défendront de peindre la Prudence,
De donner à Thémis ni bandeau ni balance;
De figurer aux yeux la Guerre au front d'airain,
Ou le Temps qui s'enfuit, une horloge à la main, 230
Et partout des discours, comme une idolâtrie,
Dans leur faux zèle, iront chasser l'allégorie.
Laissons-les s'applaudir de leur pieuse erreur:
Mais, pour nous, bannissons une vaine terreur;
Et, fabuleux chrétiens, n'allons point, dans nos songes 235
Du dieu de vérité faire un dieu de mensonges.

 La fable offre à l'esprit mille agréments divers:
Là, tous les noms heureux semblent nés pour les vers:
Ulysse, Agamemnon, Oreste, Idoménée,
Hélène, Ménélas, Pâris, Hector, Énée. 240
Oh! le plaisant projet d'un poète ignorant,
Qui de tant de héros va choisir Childebrand[3])!
D'un seul nom quelquefois le son dur et bizarre
Rend un poème entier ou burlesque ou barbare.

---

1) L'Arioste. Il conserva, dans son *Roland furieux*, la matière chevaleresque des chansons épiques des Trouvères. Il adopta le plan irrégulier, l'allure indépendante et capricieuse des chantres populaires de l'Italie; mais la poésie antique est comme le sang généreux qui circule dans ce corps tout moderne.

2) Comparez la 4me épître de Boileau.

3) Childebrand est le héros d'un poème intitulé *les Sarrasins chassés de France*, composé par Carel de Sainte-Garde, conseiller et aumônier de Louis XIV. Ce poème est peu connu et ne vaut pas la peine de l'être; mais nous avons un reproche à adresser à Boileau: ce ne fut pas assez pour lui de chasser le christianisme de la cité littéraire, il voulut en bannir encore les souvenirs de la patrie, il proclama que l'histoire nationale était stérile, que les héros de l'antiquité, d'ailleurs bien plus poétiques, étaient les seuls dont le nom n'offensât pas les oreilles modernes.

Voulez-vous longtemps plaire et jamais ne lasser? 245
Faites choix d'un héros propre à m'intéresser,
En valeur éclatant, en vertus magnifique;
Qu'en lui, jusqu'aux défauts, tout se montre héroïque;
Que ses faits surprenants soient dignes d'être ouïs;
Qu'il soit tel que César, Alexandre ou Louis; 250
Non tel que Polynice et son perfide frère¹):
On s'ennuie aux exploits d'un conquérant vulgaire.

N'offrez point*) un sujet d'incidents trop chargé. [*)var. pas.]
Le seul courroux d'Achille, avec art ménagé,
Remplit abondamment une Iliade entière: 255
Souvent trop d'abondance appauvrit la matière.

Soyez vif et pressé dans vos narrations;
Soyez riche et pompeux dans vos descriptions.
C'est là qu'il faut des vers étaler l'élégance;
N'y présentez jamais de basse circonstance. 260
N'imitez pas ce fou²) qui, décrivant les mers,
Et peignant, au milieu de leurs flots entr'ouverts,
L'Hébreu sauvé du joug de ses injustes maîtres,
Met, pour le voir passer, les poissons aux fenêtres
Peint le petit enfant qui „va, saute, revient, 265
Et, joyeux, à sa mère offre un caillou qu'il tient"³).
Sur de trop vains objets c'est arrêter la vue.

Donnez à votre ouvrage une juste étendue.
Que le début soit simple et n'ait rien d'affecté⁴).
N'allez pas dès l'abord sur Pégase monté, 270
Crier à vos lecteurs, d'une voix de tonnerre:
„Je chante le vainqueur des vainqueurs de la terre."⁵)

---

1) Boileau indique ici la *Thébaïde de Stace*, dont le sujet est la haine funeste d'Étéocle et de Polynice, frères ennemis, auteurs de la guerre de Thèbes. Il faut que l'action du poète soit heureuse pour laisser l'esprit du lecteur satisfait, et qu'elle soit louable pour être un exemple public de vertu.

2) Saint-Amand, décrivant le passage de la Mer Rouge, dans la cinquième partie de son *Moïse sauvé*:
   Et là, près des remparts que l'œil peut transpercer,
   Les poissons ébahis le regardent passer.
Le P. A. Millieu, Jésuite, a dit la même chose:
   Hinc inde attoniti liquido stant marmore pisces.
   (Moses Viator, 1.5. Lyon, 1636.)

3) Vers de Saint-Amand.

4)   *Nec sic incipies, ut scriptor cyclicus olim:*
       „Fortunam Priami cantabo et nobile bellum". Hor. Ars p. v. 136.

5) Premier vers du poème d'*Alaric* par Scudéry. S. Jérome avait dit de même :
Capitur Urbs, quae totum cepit Orbem. Ep. XI.

Que produira l'auteur après tous ces grands cris?
La montagne en travail enfante une souris[1]).
Oh! que j'aime bien mieux cet auteur plein d'adresse   275
Qui, sans faire d'abord de si haute promesse,
Me dit d'un ton aisé, doux, simple, harmonieux:
„Je chante les combats, et cet homme pieux,
Qui, des bords phrygiens conduit dans l'Ausonie,
Le premier aborda les champs de Lavinie[2])."   280
Sa muse en arrivant ne met pas tout en feu,
Et, pour donner beaucoup, ne nous promet que peu.
Bientôt vous la verrez, prodiguant les miracles,
Du destin des Latins prononcer les oracles,
De Styx et d'Achéron[3]) peindre les noirs torrents,   285
Et déjà les Césars dans l'Elysée errants.

De figures sans nombre égayez votre ouvrage;
Que tout y fasse aux yeux une riante image:
On peut être à la fois et pompeux et plaisant;
Et je hais un sublime ennuyeux et pesant.   290
J'aime mieux Arioste[4]) et ses fables comiques,
Que ces auteurs toujours froids et mélancoliques
Qui, dans leur sombre humeur, se croiroient faire affront,
Si les Grâces jamais leur dérideroient le front.

On diroit que pour plaire, instruit par la nature,   295
Homère ait à Vénus dérobé sa ceinture[5]).

1) *Mons parturibat, gemitus immanes ciens*
    At ille murem peperit.   Phaedr.
    Qu'en sort-il souvent?
    Du vent.
                                                La Font.
   Quid dignum tanto feret hic promissor hiatu?
   Parturiunt montes; nascetur ridiculus mus.   Hor. Ars p. v. 138.

2) *Arma, virumque cano, Trojae qui primus ab oris*
   Italiam, fato profugus, Laviniaque venit
   Littora. Virg. Aen. 1. v. 1.

3) Boileau personnifie les deux fleuves et omet l'article. Ces deux fleuves étaient regardés comme des dieux: le premier était fils de l'Océan ou de l'Érèbe et de la Nuit; il découvrit à Jupiter la conjuration des dieux contre lui; le second était fils du Soleil et de la Terre. Il fut changé en fleuve, et précipité dans les enfers, pour avoir fourni de l'eau aux Titans, lorsqu'ils déclarèrent la guerre à Jupiter.

4) L'imagination féconde de l'Arioste invente les scènes les plus étranges et les plus bizarres, mais le charme du style, la grace et l'abandon du récit font oublier tout ce qu'il y a d'invraisemblance dans ces aventures chevaleresques, et l'on comprend que l'Italie entière ait accueilli ce poëme avec enthousiasme.

5) Homère (*Iliade, ch.* 14) feint que Junon, craignant que Jupiter ne favorise les Troyens, forme le dessein de l'en empêcher. Pour y réussir, elle met en oeuvre toutes les ressources de la parure et prie Vénus de lui prêter son ceste, c'est-à-dire sa merveilleuse ceinture, où étaient renfermées les graces, les désirs et les attraits.

Son livre est d'agréments un fertile trésor;
Tout ce qu'il a touché se convertit en or¹);
Tout reçoit dans ses mains une nouvelle grâce;
Partout il divertit, et jamais il ne lasse.   300
Une heureuse chaleur anime ses discours:
Il ne s'égare point en de trop longs détours.
Sans garder dans ses vers un ordre méthodique,
Son sujet de soi-même et s'arrange et s'explique:
Tout, sans faire d'apprêts, s'y prépare aisément;   305
Chaque vers, chaque mot court à l'événement²).
Aimez donc ses écrits, mais d'un amour sincère:
C'est avoir profité que de savoir s'y plaire³).

    Un poème excellent, où tout marche et se suit,
N'est pas de ces travaux qu'un caprice produit: 310
Il veut du temps, des soins; et ce pénible ouvrage
Jamais d'un écolier ne fut l'apprentissage.
Mais souvent parmi nous un poète sans art⁴),
Qu'un beau feu quelquefois échauffa par hasard,
Enflant d'un vain orgueil son esprit chimérique,   315
Fièrement prend en main la trompette héroïque:
Sa muse déréglée, en ses vers vagabonds,
Ne s'élève jamais que par sauts et par bonds:
Et son feu, dépourvu de sens et de lecture,
S'éteint à chaque pas, faute de nourriture.   320
Mais en vain le public, prompt à le mépriser,
De son mérite faux le veut désabuser:
Lui-même, applaudissant à son maigre génie,
Se donne par ses mains l'encens qu'on lui dénie.
Virgile, au prix de lui⁵), n'a point d'invention;   325
Homère n'entend point la noble fiction,

    1) Ovide fait dire à Midas Métamorph. XI. v. 102:
                  Quidquid
      Corpore contigero fulvum vertatur in aurum.
Et Perse dit: Sat. 1:
          Quidquid calcaverit hic rosa fiet.
    2) *Semper ad eventum festinat.* Hor. Ars p. v. 148.
    3) Quintilien avait dit la même chose de Cicéron: *Hunc igitur spectemus: hoc pro positum nobis sit exemplum. Ille se multum profecisse sciat, cui Cicero valde placebit.* (Instit. Orat. l. X. c. 1.)
    4) Boileau revient ici à Desmarets, qui souleva la grande et interminable querelle des modernes contre les anciens, rallumée par Charles Perrault, et que devaient réveiller encore Fontenelle et Lamotte. Boileau défendit les anciens contre des novateurs armés à la légère, et fit preuve de vaillance et d'esprit. Les *Réflexions sur Longin*, qu'on a nommées avec trop de courtoisie les *Provinciales* de la critique, portent au moins le témoignage de sa vénération pour l'antiquité.
    5) Boileau compare dans ce vers les deux auteurs relativement à l'appréciation qu'on doit en faire. C'est dans le même sens que Thomas a dit: Tous les anciens physiciens ne sont rien *au prix des* modernes (Eloge de Descartes).

Si contre cet arrêt le siècle se rebelle[1]),
A la postérité d'abord il en appelle:
Mais, attendant qu'ici le bon sens de retour
Ramène triomphants ses ouvrages au jour,   330
Leurs tas au magasin, cachés à la lumière,
Combattent tristement les vers et la poussière.
Laissons-les donc entre eux s'escrimer en repos;
Et, sans nous égarer, suivons notre propos.

   Des succès fortunés du spectacle tragique   335
Dans Athènes naquit la comédie antique[2]).
Là le Grec, né moqueur, par mille jeux plaisants
Distilla le venin de ses traits médisants*).

[*var. *méprisants*. Notre leçon est la bonne.]

Aux accès insolents d'une bouffonne joie
La sagesse, l'esprit, l'honneur furent en proie.   340
On vit par le public un poète avoué
S'enrichir aux dépens du mérite joué,
Et Socrate par lui, dans un choeur de nuées[3]),
D'un vil amas de peuple attirer les huées.
Enfin de la licence on arrêta le cours: 345
Le magistrat, des lois emprunta le secours,
Et, rendant par édit les poètes plus sages,
Défendit de marquer les noms et les visages.
Le théâtre perdit son antique fureur;
La comédie apprit à rire sans aigreur,

---

1) Ce verbe est tombé en désuétude, quoiqu'il soit bon et que l'Académie le mette comme s'il était encore en usage. Il a été employé par Corneille et par Voltaire:

     Je dois vous avertir, en serviteur fidèle
     Qu'en sa faveur déjà la ville *se rebelle*.
                                       (Corn. Poly. III, sc. 5, v. 77).

On dit aujourd'hui *se revolter*.

2) *Successit vetus his comoedia non sine multa*
    Laude, sed in vitium libertas excidit et vim
    Dignam lege regi. Lex est accepta chorusque
    Turpiter obticuit sublato jure nocendi. Hor. Ars p. v. 281.

Les Grecs négligèrent d'abord la comédie pour la tragédie, et les Athéniens ne l'admirent au nombre de leurs jeux publics que vers la 77e Olympiade, lorsqu'elle eut été perfectionnée en Sicile par Epicharme. Alors elle fit partie des fêtes solennelles dont l'État payait les frais, et pour lesquelles le premier archonte demandait un choeur à chaque tribu. Avant cette époque, c'est-à-dire avant l'introduction de la comédie à Athènes, comme institution publique et nationale, il n'y eut, à côté de la tragédie, d'autres pièces joyeuses et comiques que le drame satyrique.

3) Les *Nuées*, comédie d'Aristophane (Acte 1, sc. 2 et 3).

Sans fiel et sans venin sut instruire et reprendre,
Et plut innocemment dans les vers de Ménandre[1]).
Chacun, peint avec art dans ce nouveau miroir,
S'y vit avec plaisir, ou crut ne s'y point voir:
L'avare, des premiers, rit du tableau fidèle[2])   355
D'un avare souvent tracé sur son modèle;
Et mille fois un fat, finement exprimé
Méconnut le portrait sur lui-même formé.

Que la nature donc soit votre étude unique,
Auteurs qui prétendez aux honneurs du comique.   360
Quiconque voit bien l'homme, et, d'un esprit profond,
De tant de coeurs cachés a pénétré le fond;
Qui sait bien ce que c'est qu'un prodigue, un avare,
Un honnête homme, un fat, un jaloux, un bizarre,
Sur une scène heureuse il peut les étaler,   365
Et les faire à nos yeux vivre, agir et parler.
Présentez-en partout les images naïves:
Que chacun y soit peint des couleurs les plus vives.

---

1) Le règne de la comédie ne dura pas plus longtemps en Grèce que celui de la tragédie; elle finit non d'inanition, mais de mort violente. La classification en antique, moyenne et nouvelle, n'est pas trop juste: la première est la seule vraiment originale et poétique, les autres n'en sont que des transformations, même des redites. Après Susarion, Cratès, Epicharme, vinrent Cratinus et Eupolis qui constituèrent véritablement la comédie ancienne et furent les prédécesseurs d'Aristophane. Celui-ci les surpassa tous et fit de la scène une sorte de tribune politique, où il reprochait au peuple souverain ses vices, ses crimes, ses faiblesses, et lui dénonçait les démagogues dangereux. L'impudicité ingazée de ses comédies et de ses drames satyriques va loin; son goût néanmoins est exquis, son trait vif et piquant, son art inimitable; ses néologismes, ses changements de ton sont d'une heureuse hardiesse, mais ce qu'il faut le plus admirer dans ses pièces, c'est l'instruction, la finesse, les connaissances pratiques qu'il suppose dans son auditoire. Parmi ses comédies les *Nuées* appartiennent à la philosophie, les *Grenouilles* à la critique, les autres à la politique.

L'ancienne comédie finit avec la liberté après la guerre du Péloponnèse. Dès lors elle se vit réduite à la vie privée; l'originalité fut voilée sous des conventions, on ne nomma plus les personnes, mais on y fit allusion. C'est le temps des Antiphanes et des Alexis.

Quoique plus tard la liberté fût rendue à Athènes, le théâtre n'y remonta plus à son ancienne hauteur; le coup mortel était donné; la comédie nouvelle s'en ressentit. Elle se nourrit d'abstractions philosophiques, comme la comédie moderne, et s'occupa de combinaisons et de passions à l'usage de la tragédie. Plus de politique ni d'allégories, mais bien la peinture de moeurs et de caractères réels dans le développement d'une fable vraisemblable. Ménandre qui ne nous est connu que par des fragments et des imitations de Plaute et de Térence est le représentant de cette comédie. Il étudia la philosophie sous Théophraste, qui lui apprit à peindre les moeurs. Les comédies devinrent le passe-temps des riches et l'ornement de toutes les fêtes. Les courts fragments qui nous en sont parvenus, passent pour des modèles de grace et de pureté attiques.

2) L'Avare de Molière ayant été représenté en 1668, un avare, qui y avait assisté, dit en sortant qu'Harpagon lui avait donné d'excellentes leçons d'économie.

La nature, féconde en bizarres portraits,
Dans chaque âme est marquée à de différents traits. 370
Un geste la découvre, un rien la fait paroître;
Mais tout esprit n'a pas des yeux pour la connoître.

Le temps, qui change tout, change aussi nos humeurs [1]):
Chaque âge a ses plaisirs, son esprit et ses moeurs.

Un jeune homme, toujours bouillant dans ses caprices [2]), 375
Est prompt à recevoir l'impression des vices;
Est vain dans ses discours, volage en ses désirs,
Rétif à la censure, et fou dans ses plaisirs.

L'âge viril, plus mûr, inspire un air plus sage [3]),
Se pousse auprès des grands, s'intrigue, se ménage, 380
Contre les coups du sort songe à se maintenir,
Et loin dans le présent regarde l'avenir.

La vieillesse chagrine incessamment amasse [4]),
Garde, non pas pour soi, les trésors qu'elle entasse;
Marche en tous ses desseins d'un pas lent et glacé, 385
Toujours plaint le présent et vante le passé:
Inhabile aux plaisirs dont la jeunesse abuse,
Blâme en eux [5]) les douceurs que l'âge lui refuse.

Ne faites point parler vos acteurs au hasard,
Un vieillard en jeune homme [6]), un jeune homme en vieillard. 390

---

1) *Aetatis cuiusque notandi sunt tibi mores,*
   Mobilibusque decor maturis dandus et annis. Hor. Ars p. v. 156.
2) *Imberbus juvenis tandem custode remoto*
   Gaudet equis canibusque et aprici gramine campi;
   Cereus in vitium flecti, monitoribus asper,
   Utilium tardus provisor, prodigus aeris,
   Sublimis cupidusque et amata relinquere pernix. Hor. Ars p. v. 161.
3) *Conversis studiis aetas animusque virilis*
   Quaerit opes et amicitias, inservit honori,
   Commisisse cavet quod mox mutare laboret. Hor. Ars p. v. 166.
4) *Multa senem circumveniunt incommoda, vel quod*
   Quaerit et inventis miser abstinet ac timet uti,
   Vel quod res omnes timide gelideque ministrat,
   Dilator, spe longus, iners, avidusque futuri,
   Difficilis, querulus, laudator temporis acti
   Se puero, castigator censorque minorum.
   Multa ferunt anni venientes commoda secum,
   Multa recedentes adimunt. Hor. Ars p. v. 169.
5) Syllepse.
6)   *Ne forte seniles*
   Mandentur iuveni partes pueroque viriles;
   Semper in adjunctis aevoque morabimur aptis.
           Hor. Ars p. v. 176.

Étudiez la cour et connoissez la ville:
L'une et l'autre est toujours en modèles fertile.
C'est par là que Molière, illustrant ses écrits,
Peut-être de son art eût remporté le prix¹),
Si, moins ami du peuple²), en ses doctes peintures   395
Il n'eût point fait souvent grimacer ses figures,
Quitté, pour le bouffon, l'agréable et le fin,
Et sans honte à Térence allié Tabarin³).
Dans ce sac ridicule où Scapin s'enveloppe,
Je ne reconnois plus l'auteur du Misanthrope⁴).   400

Le comique, ennemi des soupirs et des pleurs,
N'admet point en ses vers de tragiques douleurs⁵);
Mais son emploi n'est pas d'aller, dans une place,
De mots sales et bas charmer la populace.

Il faut que ses acteurs badinent noblement;   405
Que son noeud, bien formé, se dénoue aisément;
Que l'action, marchant où la raison la guide,
Ne se perde jamais dans une scène vide;
Que son style humble et doux se relève à propos;
Que ses discours, partout fertiles en bons mots,   410
Soient pleins de passions finement maniées,
Et les scènes toujours l'une à l'autre liées.
Aux dépens du bon sens gardez de plaisanter:
Jamais de la nature il ne faut s'écarter.
Contemplez de quel air un père, dans Térence⁶),   415
Vient d'un fils amoureux gourmander l'imprudence;

---

1) Chacun ici est tenté de s'écrier avec Voltaire: „*Qui donc aura ce prix, si Molière ne l'a pas?*"

2) C'est-à-dire du parterre.

3) Voy. p. 13. n. 8.

4) Dans ces deux vers, tels qu'ils sont imprimés dans toutes les éditions, il y a deux absurdités évidentes. Il faut n'avoir pas lu la pièce des *Fourberies de Scapin*, pour ignorer que Scapin ne s'enveloppe pas dans un sac, mais y enveloppe Géronte. De plus, Molière remplissait, non pas le rôle de Scapin, mais celui de Géronte, rôle que Boileau trouve indigne de lui. C'est par ce double motif qu'un commentateur a proposé une correction très-simple. Au lieu de *s'enveloppe* il lit *l'enveloppe*, et alors les deux vers, au lieu d'être absurdes, offrent un sens clair et raisonnable. —

5) *Versibus exponi tragicis res comica non vult.*
Hor. Ars p. v. 89.

6) En plusieurs endroits de ses comédies, particulièrement dans l'*Heautontimorumenos*, Acte 1, sc. 1, et Acte 5, sc. 4. Voyez Simon dans l'*Andrienne*, et Déméa dans les Adelphes.

De quel air cet amant écoute ses leçons,
Et court chez sa maîtresse oublier ces chansons[1]).
Ce n'est pas un portrait, une image semblable;
C'est un amant, un fils, un père véritable.

J'aime sur le théâtre un agréable auteur
Qui, sans se diffamer aux yeux du spectateur,
Plaît par la raison seule, et jamais ne la choque;
Mais pour un faux plaisant, à grossière équivoque[2]):
Qui, pour me divertir, n'a que la saleté,   425
Qu'il s'en aille, s'il veut, sur deux tréteaux monté,
Amusant le Pont-Neuf de ses sornettes fades,
Aux laquais assemblés jouer ses mascarades[3]).

---

[1]) C'est ainsi que Clitiphon appelle les leçons que Chremis, son père, vient de lui faire:
  Astutus! nae ille haud scit, quam mihi nunc surdo narret fabulam.
  Magis nunc me amicae dicta stimulant.
                              Terent. Heautont. A. 1. sc. 2.

[2]) Montfleury le Jeune, Jacob, auteur de la *Femme Juge et Partie*, et de quelques autres comédies semblables (*Crispin gentilhomme*, *l'Ecole des Jaloux* etc.)

[3]) A la manière des charlatans, qui jouaient leurs farces à découvert, au milieu du Pont-Neuf. Au XVI. Siècle c'était près de la porte de Nesle, sur la place où fut bâti le collége Mazarin, non loin de la rue Mazarine, de celle de Nevers et du quai Conti.

CHANT QUATRIEME.

Dans le quatrième chant, Boileau revient aux principes généraux. Il s'attache à former les poètes, et leur donne d'utiles instructions sur la connaissance et l'usage des divers talents; sur le choix qu'ils doivent faire d'un censeur éclairé, sur leurs moeurs, sur leur conduite privée. Il fait ensuite l'histoire de la poésie, il explique son origine, ses progrès, sa perfection et sa décadence. Pour terminer son poème, il célèbre la gloire de Louis XIV, et invite les jeunes athlètes à une lutte poétique, où il veut animer leurs efforts du geste et de la voix.

[1])Dans Florence jadis vivoit un médecin[2]),
Savant hâbleur, dit-on, et célèbre assassin.
Lui seul y fit longtemps la publique misère:
Là le fils orphelin lui redemande un père;
Ici le frère pleure un frère empoisonné:　　　　　　　　5
L'un meurt vide de sang, l'autre plein de séné,
Le rhume à son aspect se change en pleurésie,
Et par lui la migraine est bientôt frénésie.
Il quitte enfin la ville, en tous lieux détesté.
De tous ses amis morts un seul ami resté　　　　　　　10
Le mène en sa maison de superbe structure:
C'étoit un riche abbé, fou de l'architecture.
Le médecin d'abord semble né dans cet art,
Déjà de bâtiments parle comme Mansard[3]).

---

1) Nulle part la verve de Boileau n'est plus plaisante que dans le préambule épisodique de ce chant, la métamorphose du médecin de Florence en architecte. C'est un modèle de narration satirique.

2) Il y a un médecin à Paris, nommé M. Perrault, très-grand ennemi de la santé et du bon sens, mais, en récompense, fort grand ami de M. Quinault. Un mouvement de pitié pour son pays, ou plutôt le peu de gain qu'il faisait dans son métier, lui en a fait à la fin embrasser un autre. Il a lu Vétruve, il a fréquenté M. de Vau et M. Ratabon, et s'est enfin jeté dans l'architecture, où l'on prétend qu'en peu d'années, il a autant élevé de mauvais bâtiments qu'étant médecin il avait ruiné de bonnes santés. Ce nouvel architecte m'a pris en haine sur le peu d'estime que je faisais des ouvrages de son cher Quinault. Sur cela il s'est déchaîné contre moi dans le monde: je l'ai souffert quelque temps avec assez de modération; mais enfin la bile satirique n'a pu se contenir, si bien que, dans le quatrième chant de ma poétique, à quelque temps de là, j'ai inséré la métamorphose d'un médecin en architecte. (Boileau, Lettre au maréchal de Vivonne. 1676.)

3) François Mansard, célèbre architecte, surintendant des bâtiments de Louis XIV., mort en 1666.

D'un salon qu'on élève il condamne la face; 15
Au vestibule obscur il marque une autre place,
Approuve l'escalier tourné d'autre façon.
Son ami le conçoit, et mande son maçon.
Le maçon vient, écoute, approuve et se corrige.
Enfin, pour abréger un si plaisant prodige, 20
Notre assassin renonce à son art inhumain,
Et désormais, la règle et l'équerre à la main,
Laissant de Galien¹) la science suspecte,
De méchant médecin devient bon architecte²).

Son exemple est pour nous un précepte excellent. 25
Soyez plutôt maçon, si c'est votre talent,
Ouvrier estimé dans un art nécessaire,
Qu'écrivain du commun, ou*) poète vulgaire. [*) var. *et*]
Il est dans tout autre art des degrés différents³);
On peut avec honneur remplir les seconds rangs; 30
Mais, dans l'art dangereux de rimer et d'écrire,
Il n'est point de degrés du médiocre au pire.
Qui dit froid écrivain, dit détestable auteur.
Boyer est à Pinchêne égal pour le lecteur⁴).
On ne lit guère plus Rampale et Ménardière⁵), 35
Que Magnon, Du Souhait, Corbin et la Morlière⁶),
Un fou du moins fait rire, et peut nous égayer;
Mais un froid écrivain ne sait rien qu'ennuyer.

---

1) Galien, Cl., philosophe, géomètre, grammairien et célèbre médecin grec, né à Pergame (131 av. J. C.). Il tient le second rang parmi les médecins de l'antiquité.

2) Boileau avait en vue Claude Perrault, frère de Charles. Claude fut architecte, physicien, mécanicien, médecin, naturaliste et membre de l'Académie des sciences. La colonnade du Louvre, la chapelle de N. D. de Navonne dans l'église des Petits-Pères sont ses chefs-d'oeuvre. Il a laissé plusieurs écrits et une traduction fort estimée de Vitruve. Voyez les épigrammes de Boileau N. 25.

3) *Certis medium et tolerabile rebus*
Recte concedi: consultus juris et actor
Causarum mediocris abest virtute diserti
Messalae, nec scit quantum Cascellius Aulus;
Sed tamen in pretio est. Hor. Ars p. v. 368.

4) Claude Boyer, mort en 1698, de l'Académie française, auteur médiocre. Etienne Pinchêne, neveu de Voiture, poète insipide et fade. Voyez épître 8 vers la fin; Lutrin V. 163.

5) Rampale, poète qui vivait sous le règne de Louis XIII. Jules de La Ménardière autre poète médiocre, était membre de l'Académie française et lecteur de la chambre du roi, mort en 1655.

6) Misérables poètes. Jean Magnon, mort en 1662, a composé un poème fort long, intitulé *l'Encyclopédie*; du Souhait traduisit *l'Iliade* en prose, et Corbin *la Bible* mot à mot. Adrien de la Morlière était chanoine d'Amiens et publia des Sonnets.

J'aime mieux Bergerac[1]) et sa burlesque audace,
Que ces vers où Motin[2]) se morfond et nous glace.   40

Ne vous enivrez point des éloges flatteurs
Qu'un amas quelquefois de vains admirateurs
Vous donne en ces réduits[3]), prompts à crier: Merveille!
Tel écrit récité se soutint*) à l'oreille,   [*) var. soutient.]
Qui, dans l'impression au grand jour se montrant,   45
Ne soutient pas des yeux le regard pénétrant[4]).
On sait de cent auteurs l'aventure tragique;
Et Gombaud tant loué garde encor la boutique[5]).

Écoutez tout le monde, assidu consultant:
Un fat quelquefois ouvre un avis important[6]).   50
Quelques vers toutefois qu'Apollon vous inspire,
En tous lieux aussitôt ne courez pas les lire.
Gardez-vous d'imiter ce rimeur furieux[7])
Qui, de ses vains écrits lecteur harmonieux[8]),
Aborde en récitant quiconque le salue,   55
Et poursuit de ses vers les passants dans la rue.
Il n'est temple si saint, des anges respecté,
Qui soit contre sa muse un lieu de sûreté[9]).

---

1) Cyrano de Bergerac (1620—1655) était un homme de beaucoup d'esprit. Il l'a prouvé dans le *Pédant joué*, mauvaise comédie à la vérité, mais riche de traits comiques, d'intentions plaisantes, d'où Molière a pu tirer deux excellentes scènes: il avait même une certaine vigueur de talent qui éclate çà et là dans la tragédie *d'Agrippine*; uant à l'imagination il est inutile de dire, après ses Voyages dans la lune et aux régions du soleil, qu'il la portait jusqu'à l'extravagance. Toutefois sa véritable supériorité est dans l'outrage: personne n'est plus insolent à provoquer, et on peut dire qu'il insulte admirablement; mais au moins ne se cachait-il pas pour faire ce vilain métier, et il était toujours prêt à soutenir son dire l'épée au poing.
2) Pierre Motin, natif de Bourges, ami et contemporain de Regnier, a laissé quelques poésies qui sont imprimées dans des recueils, avec celles de Malherbe, de Racan et d'autres poètes de son temps.
3) Lieu où s'assemblaient des personnes choisies devant lesquelles les autres faisaient la lecture de leurs ouvrages, avant de les publier.
4) *La Pucelle* de Chapelain.
5) Jean Ogier de Gombaud, de l'Academie française. V. ch. II. v. 97.
6) Proverbe grec: Πολλάκι γὲ καὶ μωρὸς ἀνὴρ μάλα καίριον εἶπεν. Saepe etiam est stultus valde opportuna locutus. Ce que Perse a imité:
    Discere ab insano multum laudanda magistro. (Sat. III.)
Rabelais dit: un fol enseigne bien un sage. (Pant. III.)
7) Charles du Perrier qui récita ses vers à Boileau, malgré lui, dans une église.
8) *Indoctum doctumque fugat recitator acerbus;*
    Quem vero arripuit, tenet occiditque legendo. Hor. Ars p. v. 474.
Voyez: *Martial. Epigr.* L. III. e. 44, in Ligurium; et *Muret, Juvenilia*.
9) *Qui* est ici pour *que il*; car la construction analytique amènerait: il n'est (pas un) temple si saint *qu'il* soit un lieu de sûreté contre sa muse, etc. Cette construction vient d'une tournure fort remarquable de la langue latine: le *qui* conjonctif ayant à la fois, comme en français, le sens de la conjonction que et celui du substantif auquel il se

  Je vous l'ai déjà dit: aimez qu'on vous censure,
Et, souple à la raison, corrigez sans murmure.   60
Mais ne vous rendez pas, dès qu'un sot vous reprend¹).
  Souvent dans son orgueil un subtil ignorant
Par d'injustes dégoûts combat toute une pièce,
Blâme des plus beaux vers la noble hardiesse.
On a beau réfuter ses vains raisonnements;   65
Son esprit se complaît dans ses faux jugements:
Et sa foible raison, de clarté dépourvue,
Pense que rien n'échappe à sa débile vue.
Ses conseils sont à craindre; et, si vous les croyez,
Pensant fuir un écueil, souvent vous vous noyez.   70
  Faites choix d'un censeur solide et salutaire²),
Que la raison conduise et le savoir éclaire,
Et dont le crayon sûr d'abord aille chercher
L'endroit que l'on sent foible, et qu'on se veut cacher.
Lui seul éclairera vos doutes ridicules,   75
De votre esprit tremblant lèvera les scrupules.
C'est lui qui vous dira par quel transport heureux
Quelquefois dans sa course un esprit vigoureux,
Trop resserré par l'art, sort des règles prescrites,
Et de l'art même apprend à franchir leurs limites.   80
Mais ce parfait censeur se trouve rarement.
Tel excelle à rimer, qui juge sottement;
Tel s'est fait par ses vers distinguer dans la ville,
Qui jamais de Lucain n'a distingué Virgile³).
  Auteurs, prêtez l'oreille à mes instructions.   85
Voulez-vous faire aimer vos riches fictions?
Qu'en savantes leçons votre muse fertile
Partout joigne au plaisant le solide et l'utile⁴).

---

rapportait, pouvait par la pensée se décomposer en ses deux éléments, et représenter *que je, que tu, que il, que elle, que nous,* etc. De là cette expression très-commune chez les Latins: Les hommes ont été créés, à la condition *qui* gardassent le monde (*Homines sunt hac lege generati qui tuerentur illum globum* (Cic. de Republ., lib. IV, c. 8: Somn. Scip. c. 3). Le français ne se sert pas de cette tournure dans les constructions ordinaires, mais dans quelques locutions spéciales, et d'abord dans certaines phrases négatives où la première proposition contient un adjectif précédé de *si* ou *tellement*, ou un verbe accompagné de tant: Il n'est *si bon* cheval *qui* ne bronche. Il n'y a *si bonne* compagnie *qui* ne se sépare (Acad.). Voyez Jullien, Grammaire supérieure, Vol. I. p. 274—275. —
 1) Ceci rappelle le trait d'Apelle et du cordonnier.
 2) Caractère de Patru, le plus habile et le plus savant critique de son siècle. Il avait la réputation d'être si rigide, que lorsque Racine faisait à Boileau quelque observation un peu trop subtile sur les passages de ses ouvrages, Boileau, au lieu de lui dire le proverbe latin: *Ne sis patruus mihi* (n'ayez point pour moi la sévérité d'un oncle), lui disait: *Ne sis Patru mihi* (n'ayez point pour moi la sévérité de Patru.)
 3) On veut que ce soit le grand Corneille.
 4) *Omne tulit punctum qui miscuit utile dulci,*
  Lectorem delectando pariterque monendo. Hor. Ars p. v. 343.

Un lecteur sage fuit un vain amusement,
Et veut mettre à profit son divertissement.   90

   Que votre âme et vos moeurs, peintes dans vos ouvrages[1]),
N'offrent jamais de vous que de nobles images.
Je ne puis estimer ces dangereux auteurs
Qui de l'honneur, en vers, infames déserteurs,
Trahissant la vertu sur un papier coupable,   95
Aux yeux de leurs lecteurs rendent le vice aimable[2]).

   Je ne suis pas pourtant de ces tristes esprits
Qui, bannissant l'amour de tous chastes écrits,
D'un si riche ornement veulent priver la scène,
Traitent d'empoisonneurs et Rodrigue et Chimène[3]).   100
L'amour le moins honnête, exprimé chastement,
N'excite point en nous de honteux mouvement.
Didon a beau gémir et m'étaler ses charmes;
Je condamne sa faute en partageant ses larmes.
Un auteur vertueux, dans ses vers innocents,   105
Ne corrompt point le coeur en chatouillant les sens;
Son feu n'allume point de criminelle flamme.
Aimez donc la vertu, nourrissez-en votre âme:
En vain l'esprit est plein d'une noble vigueur;
Le vers se sent toujours des bassesses du coeur[4]).   110

   Fuyez surtout, fuyez ces basses jalousies,
Des vulgaires esprits malignes frénésies.
Un sublime écrivain n'en peut être infecté:
C'est un vice qui suit la médiocrité.
Du mérite éclatant cette sombre rivale   115
Contre lui chez les grands incessamment cabale,
Et, sur les pieds en vain tâchant de se hausser,
Pour s'égaler à lui cherche à le rabaisser.
Ne descendons jamais dans ces lâches intrigues:
N'allons point à l'honneur par de honteuses brigues.   120

---

1) Dans toutes les éditions, Boileau avait mis: *Peints dans tous vos ouvrages*, quoique ce mot *peints*, qui est participe et masculin, se rapportât à *âme* et à *moeurs*, deux substantifs féminins. M. Gibert, professeur de rhétorique au collège des Quatre-Nations, est le premier qui ait fait apercevoir cette faute à l'auteur. Il en convint sur-le-champ, et s'étonna fort qu'elle eût échappé si longtemps à la critique de ses amis et surtout à celle de ses ennemis. Elle était restée vingt-cinq ans dans le vers de Boileau, avant d'avoir été remarquée par personne. (Voyez Braconnier, *Théorie du Genre des Noms.*)
2) Les Contes de la Fontaine.
3) Allusion au *Traité de la Comédie*, par Nicole.
4) Boileau a en vue Brécourt, comédien de la troupe de Molière; il a composé quelques tragédies.

Que les vers ne soient pas votre éternel emploi[1]).
Cultivez vos amis, soyez homme de foi:
C'est peu d'être agréable et charmant dans un livre,
Il faut savoir encore et converser et vivre.

Travaillez pour la gloire, et qu'un sordide gain   125
Ne soit jamais l'objet d'un illustre écrivain.
Je sais qu'un noble esprit peut, sans honte et sans crime[2]),
Tirer de son travail un tribut légitime;
Mais je ne puis souffrir ces auteurs renommés
Qui, dégoûtés de gloire et d'argent affamés,   130
Mettent leur Apollon aux gages d'un libraire,
Et font d'un art divin un métier mercenaire.

Avant que la raison, s'expliquant par la voix,
Eût instruit les humains, eût enseigné les lois,
Tous les hommes suivoient la grossière nature,   135
Dispersés dans les bois couroient à la pâture.
La force tenoit lieu de droit et d'équité;
Le meurtre s'exerçoit avec impunité.
Mais du discours enfin l'harmonieuse adresse
De ces sauvages mœurs adoucit la rudesse,   140
Rassembla les humains dans les forêts épars,
Enferma les cités de murs et de remparts,
De l'aspect du supplice effraya l'insolence,
Et sous l'appui des lois mit la foible innocence.
Cet ordre fut, dit-on, le fruit des premiers vers.   145
De là sont nés ces bruits reçus dans l'univers,
Qu'aux accents dont Orphée emplit les monts de Thrace[3]),
Les tigres amollis dépouilloient leur audace;

---

[1] Les vers étaient le mérite (bien grand sans doute!) du bon La Fontaine: mais ce talent si rare n'est pas toujours celui qui fournit le plus de qualités pour la société civile.

[2] Allusion à Racine.

[3] *Silvestres homines sacer interpresque deorum*
Caedibus et victu foedo deterruit Orpheus,
Dictus ob hoc lenire tigres rabidosque leones.
Dictus et Amphion thebanae conditor urbis,
Saxa movere sono testudinis et prece blanda
Ducere quo vellet.   Fuit haec sapientia quondam,
Publica privatis secernere, sacra profanis,
Oppida moliri, leges incidere ligno.
Sic honor et nomen divinis vatibus atque

Qu'aux accords d'Amphion les pierres se mouvoient,
Et sur les murs thébains en ordre s'élevoient. 150
L'harmonie en naissant produisit ces miracles.
Depuis, le ciel en vers fit parler les oracles;
Du sein d'un prêtre ému d'une divine horreur,
Apollon par des vers exhala sa fureur.
Bientôt, ressuscitant les héros des vieux âges, 155
Homère aux grands exploits anima les courages.
Hésiode, à son tour, par d'utiles leçons,
Des champs trop paresseux vint hâter les moissons.
En mille écrits fameux la sagesse tracée
Fut, à l'aide des vers, aux mortels annoncée; 160
Et partout des esprits ses préceptes vainqueurs,
Introduits par l'oreille, entrèrent dans les coeurs.
Pour tant d'heureux bienfaits les Muses révérées
Furent d'un juste encens dans la Grèce honorées;
Et leur art, attirant le culte des mortels, 165
A sa gloire en cent lieux vit dresser des autels.
Mais enfin, l'indigence amenant la bassesse,
Le Parnasse oublia sa première noblesse.
Un vil amour du gain, infectant les esprits,
De mensonges grossiers souilla tous les écrits, 170
Et partout, enfantant mille ouvrages frivoles,
Trafiqua du discours et vendit les paroles.

    Ne vous flétrissez point par un vice si bas.
Si l'or seul a pour vous d'invincibles appas,
Fuyez ces lieux charmants qu'arrose le Permesse[1]): 175
Ce n'est point sur ses bords qu'habite la richesse.
Aux plus savants auteurs, comme aux plus grands guerriers,
Apollon ne promet qu'un nom et des lauriers.

    Mais quoi! dans la disette une muse affamée
Ne peut pas, dira-t-on, subsister de fumée; 180
Un auteur qui, pressé d'un besoin importun,
Le soir entend crier ses entrailles à jeun,
Goûte peu d'Hélicon les douces promenades;

Carminibus venit. Post hos insignis Homerus
Tyrtaeusque mares animos in martia bella
Versibus exacuit; dictae per carmina sortes,
Et vitae monstrata via est, et gratia regum
Pieriis tentata modis, ludusque repertus
Et longorum operum finis: ne forte pudori
Sit tibi Musa lyrae sollers et cantor Apollo. Hor. Ars p. v. 391.
1) Source en Béotie, sacrée aux Muses.

Horace a bu son soûl¹) quand il voit les Ménades²),
Et, libre du souci qui trouble Colletet³),   185
N'attend pas pour dîner le succès d'un sonnet.

Il est vrai; mais enfin cette affreuse disgrâce
Rarement parmi nous afflige le Parnasse.
Et que craindre en ce siècle, où toujours les beaux-arts
D'un astre favorable éprouvent les regards,   190
Où d'un prince éclairé la sage prévoyance
Fait partout au mérite ignorer l'indigence?

Muses, dictez sa gloire à tous vos nourrissons:
Son nom vaut mieux pour eux que toutes vos leçons.
Que Corneille, pour lui rallumant son audace,   195
Soit encor le Corneille et du Cid et d'Horace;
Que Racine, enfantant des miracles nouveaux,
De ses héros sur lui forme tous les tableaux:
Que de son nom, chanté par la bouche des belles,
Benserade en tous lieux⁴) amuse les ruelles;   200
Que Segrais dans l'églogue en charme les forêts⁵).
Que pour lui l'épigramme aiguise tous ses traits.
Mais quel heureux auteur, dans une autre Énéide,
Aux bords du Rhin tremblant conduira cet Alcide?
Quelle savante lyre, au bruit de ses exploits,   205
Fera marcher encor les rochers et les bois;

---

1) Expression aujourd'hui un peu trop familière.
2)   *Neque enim cantare sub antro*
Pieria thyrsumve potest contingere moesta
Paupertas, atque aeris inops quo nocte dieque
Corpus eget. Satur est, quum dicit Horatius: Evoe! Juven. Sat. VII, v. 59.
3) François Colletet, fils de l'auteur de *L'Art poétique* et du *Désespoir amoureux*, fut un poète médiocre que Boileau ridiculisa dans ses Satires. Voy. Sat. 1, 77.
4) Benserade (1612—1691) s'était acquis à la cour de Louis XIV une réputation fort brillante par ses vers et par ses chansons, et surtout par les pièces de poésie qu'il faisait pour les personnes de la cour qui dansaient dans les ballets du roi. Car, dans ses vers, il confondait, d'une manière fort ingénieuse, le caractère des personnes avec celui des personnages qu'elles représentaient. Mais il était tellement borné à ce talent, que, sitôt qu'il a voulu l'abandonner, il n'a plus été le même. En effet les *Métamorphoses d'Ovide* qu'il mit en rondeaux furent l'écueil de sa réputation. Elles n'avaient pas encore paru, quand Boileau publia son *Art poétique*. Benserade fut reçu à l'Académie française en 1668.
5) Jean Renaud de Segrais, de l'Académie française, mourut à Caen, sa ville natale, le 25 mars 1701. Il s'est particulièrement distingué par des églogues et par une pastorale qui a pour titre: *Athis*. Là, il a parfaitement exprimé la douce et ingénieuse simplicité qui fait le caractère principal de l'églogue.
Segrais ne se montra pas très-sensible aux louanges de Boileau. Il avait été élevé dans les préventions de Corneille, de Huet et de Mlle. de Scudéry, tous trois nés comme lui en Normandie, et il ne pardonna pas au célèbre critique d'avoir plus ou moins offensé ces divers personnages.

Chantera le Batave, éperdu dans l'orage,
Soi-même se noyant pour sortir du naufrage¹);
Dira les bataillons sous Mastricht enterrés²),
Dans ces affreux assauts du soleil éclairés?   210

Mais, tandis que je parle, une gloire nouvelle
Vers ce vainqueur rapide aux Alpes vous appelle.
Déjà Dôle et Salins sous le joug ont ployé;
Besançon fume encor sur son roc foudroyé³).
Où sont ces grands guerriers dont les fatales ligues   215
Devoient à ce torrent opposer tant de digues⁴)?
Est-ce encore en fuyant qu'ils pensent l'arrêter,
Fiers du honteux honneur d'avoir su l'éviter⁵)?
Que de remparts détruits! que de villes forcées!
Que de moissons de gloire en courant amassées!   220

Auteurs, pour les chanter redoublez vos transports:
Le sujet ne veut pas de vulgaires efforts.

Pour moi, qui, jusqu'ici nourri dans la satire,
N'ose encor manier la trompette et la lyre,
Vous me verrez pourtant, dans ce champ glorieux,   225
Vous animer du moins de la voix et des yeux;

---

1) Après le passage du Rhin, Louis XIV s'était rendu maître de presque toute la Hollande, et Amsterdam même se diposait à lui envoyer ses clefs. Les Hollandais, pour sauver le reste de leur pays, n'eurent d'autres ressources que de le submerger entièrement, en lâchant les écluses.

2) Mastricht était une des places les plus considérables qui restaient aux Hollandais, après les pertes qu'ils avaient faites en 1672. Le roi en personne vint l'assiéger; et, après plusieurs assauts donnés en plein jour, et dans lesquels on avait emporté, à l'arme blanche, tous les dehors, cette place forte se rendit le 29. juin 1673, après treize jours de tranchée ouverte.

3) Dôle, Salins et Besançon sont les trois principales villes de la Franche-Comté, dont le roi se rendit maître en 1674. Besançon fut assiégé et pris au mois de mai; Dôle et Salins se rendirent le mois suivant. Louis XIV avait déjà conquis cette province une première fois en 1668.

4) La ligue était composée de l'empereur, des rois d'Espagne et de Danemark, de la Hollande et de toute Allemagne, excepté le duc de Bavière et l'électeur de Hanovre.

5) Montécuculi, général de l'armée d'Allemagne pour les alliés, évita le combat, et s'applaudit de la retraite avantageuse qu'il avait faite.
Quos opimus
Fallere et effugere est triumphus,
dit Annibal, dans Horace (l. IV. ode 4. v. 51), en parlant des Romains.

Vous offrir ces leçons que ma muse au Parnasse
Rapporta, jeune encor, du commerce d'Horace;
Seconder votre ardeur, échauffer vos esprits,
Et vous montrer de loin la couronne et le prix¹).   230
Mais aussi pardonnez, si, plein de ce beau zèle,
De tous vos pas fameux observateur fidèle,
Quelquefois du bon or je sépare le faux²),
Et des auteurs grossiers j'attaque les défauts:
Censeur un peu fâcheux, mais souvent nécessaire,   235
Plus enclin à blâmer que savant à bien faire.

---

1) Après avoir tracé aux jeunes poètes une route sûre, où ils peuvent s'égarer s'ils ne suivent d'autre guide que le goût, Boileau, l'Entelle de la poésie, semble dire, comme ce vieil athlète:
    Hic victor caestus artemque repono. Virg. Aen. l. V. v. 484.
2) Horace veut qu'on distingue
    ... *quid distent aera lupinis.* Hor. Epist. l. I. ep. VII, v. 23.

LEIPZIG,
GUILLAUME BAENSCH, IMPRIMEUR.

www.ingramcontent.com/pod-product-compliance
Lightning Source LLC
Chambersburg PA
CBHW030048230526
45471CB00003B/994